KB074763

신주 사마천 사기 40

화식열전
태사공자서

이 책은 롯데장학재단의 지원을 받아 번역, 출간되었습니다.

신주 사마천 사기 40 / 화식열전·태사공자서

초판 1쇄 인쇄 2023년 10월 15일
초판 1쇄 발행 2023년 11월 10일

지은이   (본문) 사마천
                   (삼가주석) 배인·사마정·장수절
번역 및 신주   한가람역사문화연구소 사기연구실

펴낸이   이덕일
펴낸곳   한가람역사문화연구소

등록번호   제2019-000147호
주소   서울특별시 종로구 김상옥로17 대호빌딩 신관 305호
전화   02) 711-1379
팩스   02) 704-1390
이메일   hgr4012@naver.com

ISBN   979-11-90777-53-7 94910

값은 뒤표지에 있습니다.

세계 최초
**삼가주석
완역**

신주
사마천
사기

㊵

화식열전
태사공자서

지은이
본문_ 사마천
삼가주석_ 배인·사마정·장수절
번역 및 신주
한가람역사문화연구소 사기연구실

한가람역사문화연구소

차례

머리말   《사기》〈열전〉의 넓고 깊은 세계에 관하여 … 7

사기 제129권 史記卷一百二十九
화식열전 貨殖列傳

        들어가기 … 16
제1장   고대에 부를 일군 사람들 … 18
제2장   지역별 산물 … 47
제3장   부는 곧 권력이다 … 80

사기 제130권 史記卷一百三十
태사공자서 太史公自序

들어가기 ··· 128

제1장   사마담 이야기 ··· 131

제2장   사기를 지은 뜻은? ··· 172

제3장   〈본기〉와 〈표〉 및 〈서〉의 차례 ··· 189

제4장   〈세가〉의 차례 ··· 207

제5장   〈열전〉의 차례 ··· 226

• 찾아보기 ··· 257

新註史記

신주사기26	사기 61권	백이열전	편
	사기 62권	관안열전	편
	사기 63권	노자한비열전	편
	사기 64권	사마양저열전	편
	사기 65권	손자오기열전	편
	사기 66권	오자서열전	편
신주사기27	사기 67권	중니제자열전	편
	사기 68권	상군열전	편
	사기 69권	소진열전	편
신주사기28	사기 70권	장의열전	편
	사기 71권	저리자감무열전	편
	사기 72권	양후열전	편
	사기 73권	백기왕전열전	편
	사기 74권	맹자순경열전	편
	사기 75권	맹상군열전	편
신주사기29	사기 76권	평원군우경열전	편
	사기 77권	위공자열전	편
	사기 78권	춘신군열전	편
	사기 79권	범저채택열전	편
	사기 80권	악의열전	편
	사기 81권	염파인상여열전	편
신주사기30	사기 82권	전단열전	편
	사기 83권	노중련추양열전	편
	사기 84권	굴원가생열전	편
	사기 85권	여불위열전	편
	사기 86권	자객열전	편
신주사기31	사기 87권	이사열전	편
	사기 88권	몽염열전	편
	사기 89권	장이진여열전	편
	사기 90권	위표팽월열전	편
	사기 91권	경포열전	편
신주사기32	사기 92권	회음후열전	편
	사기 93권	한신노관열전	편
	사기 94권	전담열전	편
	사기 95권	번역등관열전	편
	사기 96권	장승상열전	편
신주사기33	사기 97권	역생육가열전	편
	사기 98권	부근괴성열전	편
	사기 99권	유경숙손통열전	편
	사기 100권	계포난포열전	편
	사기 101권	원앙조조열전	편
	사기 102권	장석지풍당열전	편
	사기 103권	만석장숙열전	편
신주사기34	사기 104권	전숙열전	편
	사기 105권	편작창공열전	편
	사기 106권	오왕비열전	편
	사기 107권	위기무안후열전	편
신주사기35	사기 108권	한장유열전	편
	사기 109권	이장군열전	편
	사기 110권	흉노열전	편
	사기 111권	위장군표기열전	편
신주사기36	사기 112권	평진후주보열전	편
	사기 113권	남월열전	편
	사기 114권	동월열전	편
	사기 115권	조선열전	편
	사기 116권	서남이열전	편
신주사기37	사기 117권	사마상여열전	편
	사기 118권	회남형산열전	편
신주사기38	사기 119권	순리열전	편
	사기 120권	급정열전	편
	사기 121권	유림열전	편
	사기 122권	혹리열전	편
	사기 123권	대원열전	편
신주사기39	사기 124권	유협열전	편
	사기 125권	영행열전	편
	사기 126권	골계열전	편
	사기 127권	일자열전	편
	사기 128권	귀책열전	편
신주사기40			◀
			◀

원 사료는 중화서국中華書局 발행의 《사기》와 영인본 《백납본사기百衲本史記》를 기본으로 삼고, 인터넷 사료로는 대만 중앙연구원 역사어언연구소歷史語言研究所에서 제공하는 한적전자문헌자료고漢籍電子文獻資料庫의 《사기》를 참조했다.

일러두기

❶ 네모 상자 안의 글은 사기 본문 및 삼가주석 서문의 글이다.
❷ 한글 번역문 바로 아래 한문 원문을 실어 쉽게 대조할 수 있게 했다.
❸ 삼가주석 아래 신주를 실어 우리 연구진의 새로운 해석을 달았다.
❹ 사기 분문뿐만 아니라 삼가주석도 필요할 경우 신주를 달았다.
❺ 직역을 원칙으로 삼고 의역은 최대한 피했다.
❻ 한문 원문에서 ( )는 빠져야 할 글자를, 〔 〕는 추가해야 할 글자를 나타낸다.
　 예) 살펴보니 15개 음은 이 두 음에 가까웠다.
　　　 案 十五邑近此(三)〔二〕邑

《사기》〈열전〉의 넓고 깊은 세계에 관하여

1. 시대별 〈열전〉의 세계

　《사기》는 〈본기本紀〉, 〈표表〉, 〈서書〉, 〈세가世家〉, 〈열전列傳〉의 다섯 부분으로 구성된 기전체紀傳體 역사서이다. 기전체라는 이름은 다섯 부분 중에 제왕의 사적인 〈본기〉와 신하의 사적인 〈열전〉이 중심이라는 사실을 시사하고 있다. 〈본기〉가 북극성이라면 〈세가〉와 〈열전〉은 북극성을 향하는 뭇별이라는 구성이다. 〈열전〉은 모두 70편으로 구성되어 있지만 한 편의 〈열전〉에 여러 명을 수록하는 경우가 여럿이어서 실제 수록된 인물은 300명이 넘는다. 중국의 24사는 대부분 《사기》를 따라 기전체를 택하고 있지만 《사기》만의 독창적 내용이 적지 않다.

　먼저 서술 시기를 보면 《사기》는 한 왕조사가 아니라 오제五帝부터 자신이 살던 한무제漢武帝 시기까지 천하사天下史를 기술했기에 그 시기가 광범위한데, 이는 〈열전〉도 마찬가지다. 그래서 이를 시기별로 나누어 정리할 필요가 있다.

　첫째 시기는 춘추春秋시대 이전부터 춘추시대까지 활동했던 여러 인물이다. 〈백이열전伯夷列傳〉부터 〈중니제자열전仲尼弟子列傳〉까지 7편이 그런 경우로서 백이伯夷·숙제叔齊, 관중管仲, 안영晏嬰, 노자老子, 손자孫子, 오자서伍子胥, 공자孔子의 제자들 등이 이에 속한다.

　둘째 시기는 전국戰國시대와 진秦 조정에서 활동한 인물들에 대해서 서술했다. 〈상군열전商君列傳〉부터 〈몽염열전蒙恬列傳〉까지 21편이 이런 경우로서 상앙商鞅, 소진蘇秦, 장의張儀, 백기白起, 왕전王剪, 전국 4공자, 여불위呂不韋, 이사李斯, 몽염蒙恬 등이 이에 속한다.

셋째 시기는 초楚와 한漢이 중원의 패권을 다투던 시기에 활동했던 인물들이다. 〈장이진여열전張耳陳餘列傳〉부터 〈전담열전田儋列傳〉까지 6편으로 장이, 진여, 한신韓信, 노관盧綰 등이 이에 속한다.

넷째 시기는 한고조 유방부터 경제景帝 때까지의 인물들을 서술하고 있다. 〈번역등관열전樊酈滕灌列傳〉부터 〈오왕비열전吳王濞列傳〉으로 번쾌樊噲, 육가陸賈, 계포季布, 유비劉濞 등이 이에 속한다.

다섯째 시기는 한무제 때의 인물들이다. 〈위기무안후열전魏其武安侯列傳〉 등으로 두영竇嬰, 이광李廣, 위청衛靑, 곽거병霍去病 등과 사마천 자신에 대해서 서술한 〈태사공자서太史公自序〉도 이 범주에 들 수 있다.

사마천은 한 사람의 인생 전부를 서술하는 개념으로 〈열전〉을 서술하지는 않았다. 그가 관심을 가진 것은 특정 인물이 어떤 사상을 가지고 한 시대를 어떻게 헤쳐 나갔는가, 또는 그 시대에 어떤 영향을 미쳤는가 하는 것이지 인생 전반을 세세하게 서술하는 것은 아니었다. 그러다보니 《사기》〈열전〉을 보면 한 인간의 역경을 통해서 그가 산 시대의 생생한 분위기도 엿볼 수 있다.

2. 〈백이열전〉을 첫머리로 삼은 이유

《사기》〈열전〉이 지금껏 인구에 회자되는 것은 사마천이 당위성만 추구한 것이 아니라 당위성과 실제 현실 사이의 괴리를 포착해 한 인물의 부침을 서술했기 때문이기도 할 것이다. 그가 〈열전〉의 첫머리를 〈백이열전〉으로 삼은 것은 〈세가〉의 첫머리를 〈오태백세가吳泰伯世家〉로 삼아 막내 계력季歷에게 왕위를 물려준 사양辭讓의 정신을 크게 높인 것과 마찬가지로 이利보다는 의義를 추구한 백이·숙제를 높인 것이다.

사마천은 제후가 아닌 공자를 〈공자세가〉로 높여 서술하고 〈중니제자열전〉과 〈유림열전儒林列傳〉도 서술해 유가儒家를 높이기도 하였다. 그러나 사마천은 단순히 유학을 높인 것이 아니라 유학에서 천하는 공公의 것이기에 자기 자식이 아니라 현명한 인물에게 자리를 넘겨주는 선양禪讓의 정신을 높게 산 것이다. 그래서 오제의 황제黃帝부터 요순堯舜까지 행해졌던 선양禪讓의 정신을 크게 높였다.

그러나 〈백이열전〉에서 사마천은 "백이·숙제는 남을 원망하지 않았다."는 공자의 말을 수록하면서도 사마천 자신은 공자의 견해에 동의하지 않고 백이·숙제의 뜻을 비통한 것으로 여겼다. 또한 그가 의문을 가진 것은 "하늘의 도道는 친함이 없고 항상 선한 사람과 함께한다."라고 했는데 선한 사람인 백이·숙제 같은 사람이 왜 굶어죽어야 했느냐는 질문이다. 그럼에도 불구하고 이利를 추구하는 삶보다 의義를 추구하는 삶이 중요하다는 생각에서 〈백이열전〉을 첫머리로 삼은 것이다.

〈백이열전〉뿐만 아니라 초나라를 끝까지 부흥시키려고 했던 〈춘신군열전春申君列傳〉이나 〈자객열전刺客列傳〉 등도 이에 속한다. 〈자객열전〉의 형가荊軻가 남긴 "장사 한 번 떠나면 다시 돌아오지 않으리[壯士一去兮不復還]"라는 시가가 대일항전기 의열단원들이 목숨을 걸고 국내에 잠입할 때 동지들과 나누던 시가라는 점은 시대와 장소를 넘어 의義의 실천에 목숨을 건 사람들이 깊은 동질감을 느꼈기 때문일 것이다.

3. 주제별 〈열전〉

〈열전〉 중에는 각 부문의 사람들을 주제별로 묶어서 서술한 〈열전〉이 적지 않다. 좋은 벼슬아치를 뜻하는 〈순리열전循吏列傳〉은 이후 많은 기전체 역사서가 따라서 서술하고 있다. 후세 벼슬아치들에게 역사의 포상이 가장 중요한 상으로 여기고 좋은 벼슬아치가 되려고 노력하라는 권고의 뜻을 담고 있다. 또한 혹독한 벼슬아치를 뜻하는 〈혹리열전酷吏列傳〉은 반대로 역사의 비판이 가장 무거운 형벌임을 깨닫고 백성들을 가혹하게 대하거나 가렴주구를 하지 말라는 권고를 담고 있다.

사마천은 비록 유학을 높였지만 유자儒者는 칭송을 받는데 유협游俠은 비난을 받는 현실에 대해서도 불만이었다. 그래서 유협들도 수백 년이 지난 후에도 제사를 받든다면서 〈유협열전〉을 서술했다. 〈유협열전〉같은 경우 《사기》, 《한서》와 그 전편이 모두 전하지 않는 《위략魏略》 정도가 이어서 유협에 대해 서술하였고 이후의 역사서에서는 외면받았던 인물들이다.

사마천은 또한 '기업가 열전'이라고 할 〈화식열전貨殖列傳〉을 서술했다는 이유로도 비판받았지만 그가 지금껏 역사가의 전범典範으로 대접받는 밑바탕에는 경제를 무시하지 않았던 역사관이 깔려 있었다. 그러나 〈화식열전〉은 이후 《사기》와 《한서》에서만 서술하고 있을 정도로 여러 사서는 벼슬아치와 학자만 높였지 사업가는 낮춰 보았던 것이 동양 유학 사회의 현실이었다.

《사기》에만 실려 있고, 다른 기전체 사서는 외면한 〈열전〉이 〈골계열전滑稽列傳〉, 〈일자열전日者列傳〉, 〈귀책열전龜策列傳〉이다. 〈골계열전〉은 보통 세속을 따르지 않고, 세상의 이익을 다투지 않는 것을 귀하게 여기는 사람들의 풍자정신에 대해 서술한 것으로 해석된다. 사마천이 보기에는 천문관측에 관한 〈일자열전〉이나 길흉을 점치는 복서卜筮에 대한 〈귀책열전〉도 나라를 다스리는데 필수적이라는 생각에서 이를 〈열전〉에 서술했다.

4. 위만조선만 서술한 〈조선열전〉

사마천이 〈열전〉에서 창안한 형식중 하나가 외국에 대한 〈열전〉이다. 사마천은 〈흉노열전匈奴列傳〉을 필두로 〈남월열전南越列傳〉, 〈동월열전東越列傳〉, 〈조선열전朝鮮列傳〉, 〈서남이열전西南夷列傳〉 등을 서술했다. 이것이 공자가 《춘추》에서 높인 존주대의尊周大義와 함께 중국의 전통적인 화이관華夷觀을 만들어 낸 것으로 볼 수 있다.

그러나 사마천은 동이족이 분명한 삼황三皇을 배제하고 오제五帝부터 서술한 데에서 알 수 있는 것처럼 화하족華夏族의 뿌리를 찾기 어렵다는 현실에 부닥칠 수밖에 없었다. 그래서 때로는 이족夷族의 역사를 무리하게 화하족 역사로 편입시키려 노력했다. 한나라를 크게 괴롭혔던 흉노를 하夏나라의 선조 하후夏后의 후예로 서술하고, 남월, 동월 등도 그 뿌리를 모두 화하족과 연결되게 서술한 것은 이 때문일 것이다.

〈조선열전〉에서는 단군과 기자의 사적은 생략하고 연나라 출신 위만衛滿에 대해서만 서술했다. 사마천은《사기》의 여러 부분에서 기자箕子에 대해 서술했고, 그가 존경하던 공자가《논어》에서 기자를 미자微子, 비간比干과 함께 삼인三仁으로 꼽았으므로 그의 사적을 몰랐을 리 없다. 그러니 기자가 주무왕周武王에 의해 석방된 후 '조선朝鮮'으로 갔다는 사실을 몰랐을 리 없고 기자가 간 조선이 '단군조선檀君朝鮮'이라는 사실도 몰랐을 리 없다. 그러나 사마천은 단군과 기자는 생략하고 위만조선만 서술했다. 그럼에도 그가 〈조선열전〉이라도 서술했기에 우리는 위만조선과 한나라의 관계나 위만조선의 왕족과 귀족들이 왜 망국 후 한나라의 제후로 봉함을 받았는지 알 수 있게 되었다.

이제 〈열전〉을 내놓으면서 40권에 이르는《신주 사마천 사기》의 대단원의 막이 내려진다.《신주 사마천 사기》는 비단 지금까지 전 세계에서 발간된 가장 방대한 《사기》 번역서 및 주석서일 뿐만 아니라 그간 《사기》에서 놓쳤던 여러 관점과 사실에 대해 알 수 있다. 예를 들면《사기》 본문 및 그 주석에 숱하게 드러나고 있는 이족夷族의 역사를 되도록 되살렸다는 내용면에서도 새로운 시도라고 자평할 수 있다. 《신주 사마천 사기》 완간을 계기로 사마천이 그렸던 천하사가 더욱 풍부해질 뿐만 아니라 《사기》 속에 숨어 있던 우리 선조들의 이야기가 우리 후손들의 가슴 속에 자리 잡게 된다면 망외의 소득이라고 말할 수 있을 것이다.

사기 제129권 史記卷一百二十九

화식열전 貨殖列傳

사기 제129권 화식열전 제69

史記卷一百二十九 貨殖列傳第六十九

색은 《논어》에서 말한다. "사賜는 천명天命을 받지 않고도 재물을 불리었다." 《광아》에서 말한다. "식殖은 입立이다." 공안국은 《상서》 주석에서 말했다. "식殖은 생生이다. 재물을 바탕 삼아 재물의 이익을 생산하는 것이다."

論語云 賜不受命而貨殖焉 廣雅云 殖 立也 孔安國注尚書云 殖 生也 生資貨財利

신주 〈화식열전〉은 〈평준서〉와 더불어 경제 분야에 관한 사마천의 대표 저작이다. 〈평준서〉는 재정財政, 통화通貨, 조세, 물가, 유통流通 등 이른바 실물경제를 움직이는 보이지 않는 힘인 거시경제巨視經濟를 다루고 있다.

그 반면에 〈화식열전〉은 각종 수단으로 부富를 일군 사람들을 소개하고, 또 각 지역별로 생산되는 물자와 산업을 소개하여 궁극적으로 경제적 부 또한 정치적 권력과 동일한 세勢와 이利를 가진다는 점을 역설하고 있다. 이는 경제적 부가 국가를 다스리는 기반이 된다고 파악한 것이다. 아주 먼 옛날에 거시경제와 실물경제의 차이점을 파악하고 그것을 두 편으로 나누어 정리하여 기록한 사마천의 탁월한 식견이 돋보인다.

고대에 부국정책을 실현한 사람으로 제齊나라 초대 군주 태공망太公望

과 월越나라 계연計然을 다루고 있으며, 또 부를 일군 사람으로 역시 월
나라를 도왔던 도주공陶朱公 범려范蠡와 공자의 제자 자공子貢 그리고 전
국시대 위魏나라 백규白圭 등을 소개하여 경제의 부가 국가의 기반이며,
재력財力이 권세의 바탕이 됨을 역설하고 있다.

　다음으로, 한漢나라 각 지역의 특징과 그 산업 및 각종 물산을 소개하
고, 거기에 따른 재화의 유통과 풍속까지 거론하여 논하고 있다. 마지막
으로 한나라 시대에 각종 사업으로 부를 일군 사람들을 소개하며 마치
고 있다.

고대에 부를 일군 사람들

노자老子가 말했다.

"다스림이 지극함에 이르면 이웃 나라들이 서로 바라보고,[①] 닭이나 개가 짖고 우는 소리가 서로 들려도, 백성은 각각 그들이 먹는 것만을 즐기며 그들의 의복만을 아름답게 하고 그들의 풍속을 편안하게 여기고 그들의 사업을 즐거워하고 늙어 죽음에 이르러도 서로 왕래하지 않는 것이다."

만약 이것만 가지고 힘써 행해서 오늘날 백성의 귀와 입을 막고 이끌려고 한다면[②] 거의 행해질 수 없을 것이다.

老子曰 至治之極 鄰國相望[①] 雞狗之聲相聞 民各甘其食 美其服 安其俗 樂其業 至老死不相往來 必用此爲務 輓[②]近世塗民耳目 則幾無行矣

① 望망

정의 望의 발음은 '망亡'이다.

音亡

② 輓만

색은 輓의 발음은 '만晩'이고, 고자古字와 통용한다.

輓音晩 古字通用

신주 만輓은 이끈다는 뜻이다.

태사공이 말했다.

대저 신농씨神農氏 이전은 나도 알지 못한다. 《시경詩經》이나 《서경書經》에 기술된 바와 같이 우虞나라와 하夏나라 이래로 백성의 귀와 눈은 좋은 것만을 듣고 보려 했고 입은 좋은 음식만을 맛보고자 했으며, 몸은 편안하게 즐기면서 마음으로는 세력과 능력으로 영화롭게 부리는 것을 자랑하고자 했다. 이러한 풍속은 점점 백성에게 스며든 지 오래되어, 비록 미묘한 논리[1]로 집집마다 찾아가 깨우쳐 주려 해도 끝내 변화시킬 수 없었다. 이 때문에 잘 다스리는 자는 따르게 했고, 그다음은 이로운 것으로 인도했으며, 그다음은 가르쳐 타일렀고, 그다음은 격식을 차리고 바르게 했으며, 가장 정치를 못 하는 자는 백성과 함께 다투었다.

太史公曰 夫神農以前 吾不知已 至若詩書所述虞夏以來 耳目欲極聲色之好 口欲窮芻豢之味 身安逸樂 而心誇矜埶能之榮使 俗之漸民久矣 雖戶說以眇論[1] 終不能化 故善者因之 其次利道之 其次敎誨之 其次整齊之 最下者與之爭

① 眇論묘론

색은 앞 글자 眇의 발음은 '묘妙'이고 뒷글자 論의 발음은 통상적인 음으로 읽는다.

上音妙 下如字

신주 묘론眇論은 알쏭달쏭한 의론을 뜻한다.

대저 산서山西 지방에는 재목과 대나무와 꾸지나무와 모시풀① 과
검정소 꼬리와 옥석玉石이 풍부하다. 산동山東 지방에는 물고기와
소금과 칠과 명주실과 음악과 여색들이 많다. 강남江南 지방에는
녹나무와 가래나무② 와 생강과 계피와 금과 주석과 연석鉛石③ 과
단사丹沙와 물소와 대모瑇瑁와 주기珠璣(진주)와 상아와 가죽이 생
산된다. 용문龍門이나 갈석산碣石山④ 의 북쪽에는 말과 소와 양과
갖옷과 짐승의 힘줄과 뿔 등이 많다. 또 구리나 철鐵 등은 천리마
다 산에서 왕왕 나오는데, 바둑돌을 쌓아 놓는 것⑤ 과 같았다. 이
것은 그 대강⑥ 을 말한 것이다. 모두가 중국의 백성이 즐거워하는
것으로, 풍속에 따라 의복으로 입고 음식으로 먹고 삶을 받들고
죽은 자를 보내는 용구들이다.

夫山西饒材竹穀纑① 旄玉石 山東多魚鹽漆絲聲色 江南出枏梓② 薑桂金
錫連③ 丹沙犀瑇瑁珠璣齒革 龍門碣石④北多馬牛羊旃裘筋角 銅鐵則千
里往往山出棊置⑤ 此其大較⑥也 皆中國人民所喜好 謠俗被服飲食奉
生送死之具也

---

① 穀纑곡로

집해 서광이 말했다. "노纑는 저紵(모시)의 무리이고 베를 만들 수 있다."

徐廣曰 紵屬 可以爲布

색은 穀의 발음은 '곡谷' 또는 '구雛'이다. 곡穀은 나무 이름이고 껍질로
써 종이를 만드는 것이 가하다. 노纑는 산속의 저紵이며 포布를 만들 수
있고, 纑의 발음은 '로盧'이다. 紵의 발음은 '저佇'이다. 지금은 산간의 야
저野紵이며 또한 '저苧'로도 쓴다.

上音谷 又音雛 穀 木名 皮可爲紙 纑 山中紵 可以爲布 音盧 紵音佇 今山間野
紵 亦作苧

② 枏梓남재

색은 枏梓의 발음은 '남자南子'이다.

南子二音

신주 남枏은 녹나무이고 재梓는 가래나무이다.

③ 錫連석련

집해 서광이 말했다. "連의 발음은 '련蓮'이다. 연鉛이 아직 제련되기
전이다."

徐廣曰 音蓮 鉛之未鍊者

색은 뒷글자 連의 발음은 '련蓮'이다.

下音蓮

④ 龍門碣石용문갈석

정의 용문산龍門山은 강주絳州 용문현에 있다. 갈석산碣石山은 평주平
州 노룡현盧龍縣에 있다.

龍門山在絳州龍門縣 碣石山在平州盧龍縣

⑤ 碁置기치

색은 바둑알을 둔 것처럼 이따금씩 놓여있는 것을 말한다.

言如置碁子 往往有之

정의 구리나 철이 생산되는 산은 사방이 1,000리인데 마치 둘러싼 것이 바둑알이 놓여 있는 것과 같다는 말이다. 《관자》에서 말한다. "무릇 천하의 명산이 5,270개이고, 구리가 나오는 산이 467곳이며, 철鐵이 나오는 산은 3,609곳이다. 산 위에 자赭(붉은 흙)가 있으면 그 아래에는 철이 있다. 산 위에 연鉛이 있으면 그 아래에는 은銀이 있다. 산 위에 은銀이 있으면 그 아래에는 단丹이 있다. 산 위에 자석磁石이 있으면 그 아래에는 금金이 있다."

言出銅鐵之山方千里 如圍碁之置也 管子云 凡天下名山五千二百七十 出銅之山四百六十七 出鐵之山三千六百有九 山上有赭 其下有鐵 山上有鉛 其下有銀山上有銀 其下有丹 山上有磁石 其下有金也

⑥ 大較대각

색은 較의 발음은 '각角'이다. 대각大較은 대략大略과 같다.

音角 大較猶大略也

그러므로 농부는 익을 때를 기다려서 먹을 것을 생산하고, 산림이나 천택을 관리하는 관리들은[①] 생산해 내고, 공인들은 가공하고 상인들은 유통시키는 것이다. 이것을 어찌 법령이나 교화로 때를 맞춰 징발하겠는가.

사람들은 각각 그의 능력대로 맡아서 그의 힘을 다하고 하고자 하는 것을 얻는 것이다. 그러므로 물건이 천하면 귀한 것을 구하고② 귀하면 천한 것을 구하여 각각 그 사업을 권장하고 그 사업을 즐기는 것은 마치 물이 아래로 향하는 것과 같아 밤낮으로 휴식할 때가 없다. 이는 부르지 않아도 저절로 오고 구하지 않아도 백성이 만들어 내니, 어찌 도道에 부합하고③ 자연으로 징험되는 것이 아니겠는가?

故待農而食之 虞①而出之 工而成之 商而通之 此寧有政教發徵②期會哉 人各任其能 竭其力 以得所欲 故物賤之徵貴 貴之徵賤 各勸其業 樂其事 若水之趨下 日夜無休時 不召而自來 不求而民出之 豈非道之所符③ 而自然之驗邪

① 虞우

신주 중국 고대 임금의 사냥터에서 조수鳥獸를 관장하는 관리이다.

② 徵징

색은 징徵은 구求이다. 이곳에 물건이 천賤하면 저곳에서 구해서 귀하게 판매하는 것을 이르는 것이다.

徵者 求也 謂此處物賤 求彼貴賣之

③ 道之所符도지소부

색은 도道의 부절符節이니 부符는 도道에 합치됨을 이른다.

道之符 符謂合於道也

《주서周書》에서 이르기를 "농사꾼이 생산하지 않으면 그 먹는 것이 모자라고, 공인이 생산하지 않으면 그의 사업이 궁핍하게 된다. 상인이 장사치 않으면 세 가지의 보배[1]가 단절되고, 산택山澤을 관장하는 관리가 생산해 내지 않으면 물자가 궁핍하고 적어진다."라고 했다. 물자가 다하고 적어지면 산이나 연못은 개척[2]되지 않는다. 이상의 네 가지는 백성의 의식의 근원이다. 근원이 커지면 풍요해지고 근원이 작아지면 백성의 삶이 적어진다. 또 이 네 가지는 위로는 국가가 부유해지고 아래로는 백성이 부유해지는 것이다. 가난하고 부유한 도道는 빼앗거나 주는 것[3]이 아니다. 기술이 있는 자는 여유가 있게 되고, 기술이 없는 자는 부족하게 되는 것이다. 그러므로 태공망은 영구營丘 땅에 봉해졌는데, 그 땅은 소금기가 있는 개펄[4]이고 백성의 수가 적었다. 이에 태공망은 그 부녀자들에게 일을 장려해서 솜씨를 극도로 발휘하게 하고 어업과 소금을 통하게 하니, 사람들과 물자들이 돌아오고 돈꿰미가 이르는데 한꺼번에 몰려들었다. 이 때문에 제나라에는 관冠과 띠와 의복과 신발이 천하에 퍼졌고, 발해와 태산 사이에서 옷매무새를 고치고 가서 조회했다.[5]

그 뒤 제나라가 중간에 쇠약했으나 관중管仲이 이를 고쳐 경중법輕重法을 관장하는 구부九府[6]를 설치해서 환공桓公이 천하의 패자霸者가 되어 제후들을 아홉 번이나 집합시켜 한 번에 천하를 바로잡았다.

관중管仲이 또한 삼귀대三歸臺[7]를 두었으니 지위는 제후의 신하에 있었지만, 제후국의 군주보다도 부유했다. 이 때문에 제나라의 부유함과 강력함이 위왕威王과 선왕宣王 시대까지 이르게 되었다.

周書曰 農不出則乏其食 工不出則乏其事 商不出則三寶①絕 虞不出則

財匱少 財匱少而山澤不辟②矣 此四者 民所衣食之原也 原大則饒 原小

則鮮 上則富國 下則富家 貧富之道 莫之奪予③ 而巧者有餘 拙者不足

故太公望封於營丘 地潟鹵④ 人民寡 於是太公勸其女功 極技巧 通魚鹽

則人物歸之 繦至而輻湊 故齊冠帶衣履天下 海岱之間斂袂而往朝焉⑤

其後齊中衰 管子修之 設輕重九府⑥ 則桓公以霸 九合諸侯 一匡天下

而管氏亦有三歸⑦ 位在陪臣 富於列國之君 是以齊富彊至於威宣也

① 三寶삼보

신주 농업, 공업, 상업을 가리킨다.

② 辟벽

색은 뒷글자 辟의 발음은 '벽闢'이다. 벽辟은 개開(열다)이고, 통通(통하다)
이다.

下音闢 辟 開也 通也

③ 奪予탈여

색은 予의 발음은 '여與'이다. 가난하고 부유한 것은 스스로 말미암는
것이지 주거나 빼앗는 것이 없다는 것을 말한다.

音與 言貧富自由 無予奪

④ 潟鹵석로

서광이 말했다. "潟의 발음은 '석昔'이다. 석로潟鹵는 염분이 많이 섞인 땅이다."

徐廣曰 潟音昔 潟鹵 鹹地也

⑤ 海岱之間斂袂而往朝焉해대지간염몌이왕조언

제나라는 이미 부유하고 풍요로워 능히 천하에서 관을 쓰고 띠를 매었으며 풍요하고 두터운 것이 다른 나라에까지 미쳤다. 그러므로 해대海岱의 사이에서는 옷섶을 여미고 제나라에 조회한 것은 이로운 것을 추종하는 것을 말한다.

言齊既富饒 能冠帶天下 豐厚被於他邦 故海岱之間斂袘而朝齊 言趨利者也

해대지간海岱之間은 발해와 태산 사이, 즉 지금의 산동성山東省 일대를 가리킨다.

⑥ 輕重九府경중구부

《관자》에서 "경중輕重은 전錢"이라고 말한 것이다. 대저 백성을 다스리는데 경중법輕重法을 두었다. 주周나라에는 대부大府, 옥부玉府, 내부內府, 외부外府, 천부泉府, 천부天府, 직내職內, 직금職金, 직폐職幣를 두었고 모두 재폐財幣의 관청을 관장하는 관직을 두었다. 그러므로 9부九府라고 이른다.

管子云 輕重謂錢也 夫治民有輕重之法 周有大府玉府內府外府泉府天府職內職金職幣 皆掌財幣之官 故云九府也

나라의 물가조절을 위한 정책이다. 경중輕重은 곧 가볍게 취급할 것과 중요하게 취급할 것이 있다고 하여 붙인 이름이다. 《관자管子》의 〈경중갑輕重甲〉, 〈경중무輕重戊〉 편에 걸쳐 자세하게 기록하고 있다.

⑦ 三歸삼귀

신주 성이 각기 다른 세 여자를 세 집에서 아내로 거느릴 정도로 부귀함을 말한다. 관자가 신하로서 제후보다도 부유했고 권세도 제후만큼 가지고 있었음을 의미하는 표현이다. 삼귀대三歸臺는 이를 상징하는 누대의 이름이다.

그러므로 이르기를 '창고가 가득해지면 예절을 알게 되고, 의식이 풍족해지면 영예롭고 치욕스러운 것을 알게 된다.'라고 했다. 예란 있는 것에서 발생하고 없는 것에서 폐해지는 것이다. 이런 까닭으로 군자는 부유하면 그의 덕을 행하기를 좋아하고, 소인은 부유해지면 그 힘을 즐기려고만 한다. 연못이 깊으면 물고기가 살고, 산이 깊으면 짐승들이 찾아간다. 사람이 부유하면 인의를 따른다. 부자가 세력을 얻으면 더욱 빛나지만, 세력을 잃으면 객客들도 가는 곳이 없어진다. 이 때문에 즐거워하지 않는다. 이러한 것은 오랑캐의 나라에서 더욱 심하다.

속담에 이르기를 '1,000금을 가진 이들은 저자에서 죽지 않는다.'라고 했는데 이 말은 헛된 말이 아니다. 그래서 말하기를 '천하가 화목한 것①은 모두 오는 것이 이롭다고 여겼기 때문이고, 천하가 무질서한 것②은 모두 떠나가는 것이 이롭다고 여겼기 때문이다.'라고 했다. 대저 천승지국千乘之國의 왕과 1만 호의 봉지를 가진 제후와 100가를 가진 대부도 오히려 가난한 것을 근심하는데, 하물며 필부인 서민들에 있어서랴!

故曰 倉廩實而知禮節 衣食足而知榮辱 禮生於有而廢於無 故君子富
好行其德 小人富 以適其力 淵深而魚生之 山深而獸往之 人富而仁義
附焉 富者得執益彰 失執則客無所之 以而不樂 夷狄益甚 諺曰 千金之
子 不死於市 此非空言也 故曰 天下熙熙① 皆爲利來 天下壤壤② 皆爲利
往 夫千乘之王 萬家之侯 百室之君 尙猶患貧 而況匹夫編戶之民乎

① 熙熙희희

신주 화목하고 평화로운 모습을 나타내는 말이다.

② 壤壤양양

신주 어수선하고 혼란한 모양을 나타내는 말이다.

옛날에 월越나라 왕 구천句踐은 회계산會稽山 위에서 고통을 겪고
범려范蠡와 계연計然①을 등용했다. 계연이 말했다.

"전쟁이 있을 것을 알면 (병기를) 정비하고 (병력을) 준비해야 하
고 제때 (병기를) 이용하려면 물건의 용도를 숙지해 놓아야 합니
다.② 이 두 가지 이치를 안다면 모든 재화의 실정을 얻어서 살펴
볼 수 있을 것입니다. 그러므로 세성歲星이 금金(서쪽)에 있으면 풍
년이 들고, 수水(북쪽)에 있으면 감손減損되고, 목木(동쪽)에 있으
면 기근이 들고, 화火(남쪽)에 있으면 가뭄이 듭니다.③ 가뭄이 든
해에는 배를 준비해 두고, 수해가 있는 해에는 수레를 준비해④

두는 것이 사물의 이치입니다. 6년마다 풍년이 들고 6년마다 가뭄이 들고 12년마다 큰 기근이 있습니다.

昔者越王句踐困於會稽之上 乃用范蠡計然^① 計然曰 知鬪則修備 時用則知物^② 二者形則萬貨之情可得而觀已 故歲在金 穰 水 毀 木 饑 火 旱^③ 旱則資舟 水則資車^④ 物之理也 六歲穰 六歲旱 十二歲一大饑

① 范蠡計然범려계연

집해 서광이 말했다. "계연計然은 범려范蠡의 스승이다. 이름은 연研이다. 그러므로 속언에는 '계연計研과 상홍량桑弘良은 마음으로 계산한다.'라고 했다." 살펴보니 범자范子가 말했다. "계연計然은 규구葵丘의 복상濮上 사람이고 성은 신씨辛氏이며 자字는 문자文子이다. 그의 선조는 진국晉國의 망명한 공자이다. 일찍이 남쪽의 월越나라에서 놀자 범려가 스승으로 섬겼다."

徐廣曰 計然者 范蠡之師也 名研 故諺曰 研桑心筭 駰案 范子曰 計然者 葵丘濮上人 姓辛氏 字文子 其先晉國亡公子也 嘗南游於越 范蠡師事之

색은 계연計然은 위소가 이르기를 범려의 스승이라고 했다. 채모蔡謨는 이르기를 범려가 지은 서명書名이 '계연計然'이라고 했는데 아마도 잘못된 것이다. 서광이 또한 말했다. "범려의 스승으로, 이름은 연研이고 이른바 '연상심계研桑心計'이다." 범자范子가 말했다. "계연은 규구葵丘 복상濮上 사람이다. 성은 신씨辛氏이고, 자는 문文이며, 그의 선조는 진晉의 공자였다. 남쪽의 월나라에서 놀았는데, 범려가 스승으로 섬겼다."《오월춘추》에는 '계예計倪'라고 하고,《한서》〈고금인표古今人表〉에는 계연計然은 반열해 제4등에 있다. 그러니 '예倪'라고 한 것은 '연研'과 한 사람인데, 발음이 서로 비슷해 서로 어그러진 것일 뿐이다.

計然 韋昭云范蠡師也 蔡謨云蠡所著書名計然 蓋非也 徐廣亦以爲范蠡之師 名
研 所謂研桑心計也 范子曰 計然者 葵丘濮上人 姓辛氏 字文 其先晉之公子 南
游越 范蠡事之 吳越春秋謂之計倪 漢書古今人表計然列在第四 則倪之與研是
一人 聲相近而相亂耳

② 時用則知物시용즉지물

색은 '제때 사물을 알고 이용해야 한다.[時用知物]'라는 것을 살펴보니
제때 이용되는 사물을 알아야 한다는 것을 말한다.

時用知物 案 言知時所用之物

③ 歲在金~火旱세재금~화한

색은 오행五行에서 토土를 설명하지 않았다. 토土는 양穰(풍년들다)이다.

五行不說土者 土 穰也

④ 水則資車수즉자거

색은 《국어》에서 말한다. "대부종大夫種이 말하길 고인賈人은 가뭄이
들면 배를 바탕으로 삼고 장마가 들면 수레를 바탕으로 삼아서 기다린다."

國語大夫種曰 賈人旱資舟 水資車以待也

대저 곡식을 파는데 20전이면 농부들이 괴로워하고 90전이면 상인들이나 공인工人들이 괴로워합니다.① 상인들이나 공인들이 괴로워하면 재물이 나오지 않고, 농부들이 괴로워하면 초지가 개간되지 않습니다. 값이 올라도 80전을 넘지 않게 하고 값이 내려도 30전을 감減하지 않게 하면 농부, 상인, 공인들이 함께 이롭게 됩니다.

쌀값을 공평하게 하고 물자를 고르게 유통流通시켜 관문과 시장이 궁핍하지 않게 하는 것이 국가를 다스리는 방법입니다. 물자를 모으는② 이치는 물건을 완전하게 보관하는데 힘쓰는 것이고, 돈의 흐름을 쉬지 않게 하는 것입니다.③ 물건을 서로 교역하는데, 부패하거나 먹는 재물은 오래 두지 말아야 하며, 함부로 값이 비쌀 때까지 쌓아 둘 수 없게 해야 합니다. 그 물건이 여유로운지 부족한지 논의해 보면 비쌀지 쌀지 알게 될 것입니다. 값이 극도로 비싸지면 반대로 싸지고 값이 극도로 싸지면 반대로 비싸집니다. 이에 비싼 것을 낼 때면 썩은 흙과 같이 여기고, 싼 것을 취할 때는 주옥과 같이 여겨야 합니다.④ 그래서 재물이나 화폐는 그것이 물이 흘러가듯 유통되어야 합니다."

그렇게 10년을 다스리자 국가는 부유해지고 전사戰士에게 후하게 상을 주니, 전사들은 활을 들고 나아가는 것이 마치 목마른 자가 마실 것을 얻으러 가는 것과 같았다. 마침내 강력한 오나라에 원수를 갚았고 군사들에게 중원을 향해 살피게 하니 '오패五霸'로 호칭하게 되었다.

夫糴 二十病農 九十病末① 末病則財不出 農病則草不辟矣 上不過八十

下不減三十 則農末俱利 平糴齊物 關市不乏 治國之道也 積著②之理
務完物 無息幣③ 以物相貿易 腐敗而食之貨勿留 無敢居貴 論其有餘
不足 則知貴賤 貴上極則反賤 賤下極則反貴 貴出如糞土 賤取如珠玉④
財幣欲其行如流水 修之十年 國富 厚賂戰士 士赴矢石 如渴得飮 遂報
彊吳 觀兵中國 稱號五霸

① 二十病農九十病末이십병농구십병말

색은 쌀이 싸지면 농부가 고통스러운 것을 말한 것이다. 만약 쌀 한 말
가격이 90전이면 상인이 고통스러워한다. 그러므로 '병말病末'이라고 일
렀다. 말末은 축말逐末을 이르는 것이니 곧 장사치이다.

言米賤則農夫病也 若米斗直九十 則商賈病 故云病末 末謂逐末 卽商賈也

신주 농업을 '본本'이라고 하고, 상업을 '말末'이라고 한다.

② 著저

색은 著의 발음은 '져[張呂反]'이다.

音張呂反

신주 저著는 '쌓는다'라는 뜻이다.

③ 無息幣무식폐

색은 식폐息弊하지 말라는 것으로, 오래도록 재화가 머물러 쉬게 되면
이로움이 없다.

毋息弊 久停息貨物則無利

④ 賤取如珠玉천취여주옥

[색은] 대저 사물이 지극히 귀하게 되면 반드시 천해지고, 지극히 천하게 되면 반드시 귀해진다. 귀출여분토貴出如糞土는 이미 지극히 귀한 뒤에는 그것이 반드시 천해질 것을 두려워한 것이다. 그러므로 때를 타서 파는 것을 썩은 흙과 같다고 했다. 천취여주옥賤取如珠玉은 이미 지극히 천한 뒤에는 그것이 반드시 귀해질 것을 두려워한 것이다. 그러므로 제 때를 타서 사는 것을 주옥珠玉과 같다고 했다. 이것은 재물을 증식하는 까닭이다. 원래 공恐을 착錯으로 주석했다.

夫物極貴必賤 極賤必貴 貴出如糞土者 既極貴後 恐其必賤 故乘時出之如糞土 賤取如珠玉者 既極賤後 恐其必貴 故乘時取之如珠玉 此所以爲貨殖也 元注恐錯

범려는 월왕 구천과 함께 회계산 치욕을 이미 씻고 이에 위연喟然히 탄식해서 말했다.

"계연計然의 계책은 일곱 가지였다. 월나라는 그 다섯 가지를 채용해서 목적을 이루었다. 이것이 이미 국가에서 시행되었으니 나는 이것을 집에서 써보고 싶다."

이에 작은 배①를 타고 강호江湖②에 떠서 이름과 성姓을 바꾸고 제나라로 가서 치이자피鴟夷子皮③라고 했고, 도陶 땅④으로 가 주공朱公(범려)이라고 했다.

주공朱公은 도陶가 천하의 중심이며 제후들과 사방으로 통해져 재물이 교역되는 곳이라고 여겼다. 이에 재물을 다스리고 물자들을 쌓아 두었다가 시기를 맞춰 이익에 따랐고⑤ 남에게 부담 주지 않았다.⑥ 그러므로 생업을 잘 경영하는 자는 사람을 잘 선택하되 시기에 맡기는 것이다.

19년 동안 세 번이나 1,000금을 모아 두 번은 재물을 가난한 친구나 먼 친척 형제들에게 나누어 주었다. 이것이 이른바 '부유하면 그 덕을 행하기를 즐거워한다.'라는 것이다.

뒤에 나이가 늙어 쇠약해지자 자손에게 맡겼다. 자손들이 가업을 닦고 재산을 불려서 마침내 거만금⑦에 이르렀다. 그러므로 부유한 것을 말하는 자들은 모두 도주공陶朱公을 일컫게 되었다.

范蠡既雪會稽之恥 乃喟然而歎曰 計然之策七 越用其五而得意 既已施於國 吾欲用之家 乃乘扁舟①浮於江湖② 變名易姓 適齊爲鴟夷子皮③之陶④爲朱公 朱公以爲陶天下之中 諸侯四通 貨物所交易也 乃治産積居 與時逐⑤而不責於人⑥ 故善治生者 能擇人而任時 十九年之中三致千金 再分散與貧交疏昆弟 此所謂富好行其德者也 後年衰老而聽子孫 子孫脩業而息之 遂至巨萬⑦ 故言富者皆稱陶朱公

① 扁舟편주

집해 《한서음의》에서 말한다. "특주特舟이다."

漢書音義曰 特舟也

색은 扁의 발음은 '편篇' 또는 '빈[符殄反]'이다. 복건이 말했다. "특주特舟이다."《국어》에서 말한다. "범려는 가벼운 배를 탔다."

扁音篇 又音符殄反 服虔云 特舟也 國語云 范蠡乘輕舟

② 江湖강호

정의 《국어》에는 구천이 오나라를 멸망시키고 돌아와 오호五湖에 이르자 범려가 왕에게 사죄해서 말하기를 "군왕께서 힘쓰셨으니 신은 다시 국가로 들어가지 않을 것입니다."라고 했다. 드디어 가벼운 배를 타고 오호五湖에 떠 가서 그가 마지막까지 산 곳을 알지 못했다.

國語云 句踐滅吳 反至五湖 范蠡辭於王曰 君王勉之 臣不復入國矣 遂乘輕舟以浮於五湖 莫知其所終極

③ 鴟夷子皮치이자피

색은 대안大顔이 말했다. "또 술을 담는 것이 치이鴟夷이다. 사용하면 받아들이는 양이 많고, 사용하지 않으면 말아서 품에 품는데, 물건에 거슬리지 않는다." 살펴보니 《한비자》에서 말한다. "치이자피鴟夷子皮는 전성자田成子를 섬겼다. 전성자가 제나라를 버리고 연나라로 가자 치이자피도 이에 따랐다." 아마도 범려일 것이다.

大顔曰 若盛酒者鴟夷也 用之則多所容納 不用則可卷而懷之 不忤於物也 案韓子云 鴟夷子皮事田成子 成子去齊之燕 子皮乃從之也 蓋范蠡也

④ 陶도

색은 복건이 말했다. "지금의 정도定陶이다."

服虔云 今定陶也

정의 《괄지지》에서 말한다. "곧 도산陶山이며 제주齊州 평릉현平陵縣 동쪽 35리 도산陶山의 남쪽에 있다. 지금 남쪽 5리에는 여전히 주공총朱公冢이 있다." 또 이르기를 "조주曹州 제양현濟陽縣 동남쪽 3리에 도주공총陶朱公冢이 있고 또 남군南郡 화용현華容縣 서쪽에도 있다고 일렀는데 자세하지 않다."라고 했다.

括地志云 卽陶山 在齊州平(陽)〔陵〕縣東三十五里陶山之陽也 今南五里猶有
朱公冢 又云 曹州濟陽縣東南三里有陶朱公冢 又云在南郡華容縣西 未詳也

⑤ 時逐시축

집해 《한서음의》에서 말한다. "시기에 따라 재화를 거치했다."

漢書音義曰 逐時而居貨

색은 위소가 말했다. "시기에 따라 이로운 것을 쫓은 것이다."

韋昭云 隨時逐利也

⑥ 不責於人불책어인

색은 살펴보니 사람을 선택하여 사람과 함께하되 부담을 주지 않는 것
을 이른다. 그러므로 '불책어인不責於人'이라고 한 것이다.

案 謂擇人而與人不負之 故云不責於人也

⑦ 巨萬거만

집해 서광이 말했다. "만만萬萬이다."

徐廣曰 萬萬也

> 자공子贛①은 이미 중니仲尼(공자)에게 학문을 배우고서 학업을 마
> 치고 물러나 위衛나라에서 벼슬했다. 시세에 따라 상품을 저장해
> 놓고② 조曹나라와 노魯나라의 사이에서 물건을 팔았으니, 공자의
> 70여 명의 제자 중 사賜(자공의 이름)가 가장 부유하였다.

원헌原憲은 술지게미와 겨로도 배를 채우지^③ 못하며 가난한 사람들이 사는 좁은 뒷골목에서 숨어 살았다. 자공이 사두마차에 기마를 늘어세우고 비단 꾸러미의 폐백을 가지고 제후들을 방문하니, 이르는 곳이면 나라의 군주들이 뜰로 내려와 함께 동등한 예를 갖추지 않는 사람들이 없었다.

대체로 공자孔子의 이름을 천하에 두루 떨치게 한 것은 자공子貢이 그를 보조했기 때문이다. 이것이 이른바 '세력을 얻으면 더욱 빛나게 한다.'는 것이리라.

子贛^①既學於仲尼 退而仕於衞 廢著^②鬻財於曹魯之間 七十子之徒 賜最爲饒益 原憲不厭^③糟糠 匿於窮巷 子貢結駟連騎 束帛之幣以聘享諸侯 所至 國君無不分庭與之抗禮 夫使孔子名布揚於天下者 子貢先後之也 此所謂得埶而益彰者乎

① 子贛자공

신주 자공子貢이라고도 한다. 위衞나라 사람으로 성은 단목端木이고, 이름은 사賜이며, 자字는 자공子貢이다. 공자孔子의 제자로 공문십철孔門十哲 중 한 사람이다. 〈중니제자열전仲尼弟子列傳〉에 자세히 기록되어 있다.

② 廢著폐저

집해 서광이 말했다. "〈자공전子贛傳〉에는 '폐거廢居'라고 일렀다. 저著는 거居와 같고 著의 발음은 '저貯'이다."

徐廣曰 子贛傳云廢居 著猶居也 著讀音如貯

색은 著의 발음은 '저貯'이다. 《한서》에서 말한다. "또한 '저貯' 자로 되어 있고 저貯는 거居와 같다."《설문》에서 말한다. "저貯는 적積이다."

著音貯 漢書亦作貯 貯猶居也 說文云 貯 積也

신주 폐거廢居는 물건을 쌓아 놓고 오를 때를 기다리고 있는 것을 말한다.

③ 厭염

색은 염厭은 염饜이고 포飽이다.

饜 飽也

백규白圭는 주周나라 사람이다.

위魏나라의 문후文侯 때에 이극李克[①]이 지력地力을 다하는 것에 힘썼으나, 백규는 시대가 변화하는 것을 즐겨 살폈다. 그래서 남들이 팔면 백규는 사들였고, 남들이 사들이면 백규는 팔았다. 대저 그해에 풍년이 들면 곡식을 취하고 명주실과 옻칠을 주었으며, 누에고치가 나오면 비단과 솜을 취하고 곡식[②]을 주었다.

태음太陰(목성의 곁 두 별)[③]이 묘卯의 위치에 있으면 풍년이 들고 다음 해에 흉년이 든다. 태음이 오午(남쪽)에 이르면 가뭄이 들고 다음 해에 풍년이 든다. 태음이 유酉(서쪽)에 이르면 풍년이 들고 다음 해에 흉년이 든다. 태음이 자子(북쪽)에 이르면 크게 가물고 다음 해에 풍년이 드나 수재가 있다. 묘卯(동쪽)에 이르면 이 저축하여 쌓아 놓은 비율[④]이 그해에는 갑절이 된다.

돈을 불리고자 값이 제일 싼 곡식을 취하고, 섬이나 말을 늘리려면 좋은 씨앗을 취했다. 음식을 박하게 하고 좋아하는 욕심을 억제하며 의복을 절약할 수 있었다. 일할 때 종들과 고락을 함께하며 시기를 따를 때는 맹수나 맹금이 먹잇감을 잡듯이 발동했다. 그러므로 이르기를 '나는 생업을 경영하는 데는 마치 이윤伊尹이나 여상呂尙이 정사를 펴듯이 하고, 손자孫子나 오기吳起가 군사를 쓰듯이 하며, 상앙商鞅이 법을 집행하듯 한다는 것이 이것이다. 이런 까닭으로 그의 지혜는 족히 임기응변과 함께하지 않았고, 용맹으로 결단하는 것도 하지 않았다. 인仁한 것으로 취하고 주는 것도 하지 않았고 강력한 것으로도 지키려고 하지 않았다. 비록 나의 술수를 배우고자 하더라도 끝까지 알려 주지 않았다.'라고 했다. 대개 천하에서 생업을 경영하는데 백규를 원조라고 말했다. 백규는 그가 시험한 바를 가지고 시험한 대로 성장시킬 수 있었으니 구차한 것이 아닐 뿐이다.

노魯나라의 의돈猗頓은 소금을 팔아서 일어났다.[5] 한단邯鄲의 곽종郭從은 쇠를 다스려서 사업을 성공시켰다. 두 사람이 부유한 것으로 왕자王者들과 동등했다.

白圭 周人也 當魏文侯時 李克[1] 務盡地力 而白圭樂觀時變 故人棄我取人取我與 夫歲孰取穀 予之絲漆 繭出取帛絮 予之食[2] 太陰[3] 在卯 穰 明歲衰惡 至午 旱 明歲美 至酉 穰 明歲衰惡 至子 大旱 明歲美 有水 至卯 積著率[4]歲倍 欲長錢 取下穀 長石斗 取上種 能薄飲食 忍嗜欲 節衣服與用事僮僕同苦樂 趨時若猛獸摯鳥之發 故曰 吾治生産 猶伊尹呂尙之謀 孫吳用兵 商鞅行法是也 是故其智不足與權變 勇不足以決斷 仁不能以取予 彊不能有所守 雖欲學吾術 終不告之矣 蓋天下言治生祖

> 白圭 白圭其有所試矣 能試有所長 非苟而已也 猗頓用鹽鹽起[5] 而邯鄲
> 郭縱以鐵冶成業 與王者埒富

① 李克이극

색은 살펴보니 《한서》〈식화지〉에서 말한다. "이회李悝가 위문후魏文侯를 위하여 지력을 다하는 교육을 만들어 국가가 부강하게 되었다." 지금 이곳과 《한서》에서 '극克'으로 말한 것은 모두 잘못이다. 유향의 《별록》에는 곧 '이회李悝'라고 일렀다.

案 漢書食貨志 李悝爲魏文侯作盡地力之敎 國以富強 今此及漢書言克 皆誤也 劉向別錄 則云李悝也

② 食식

색은 곡식을 말한다.

謂穀

③ 太陰태음

정의 태음은 세성歲星 뒤의 이진二辰(2개의 별)이다. (이 별을) 태음太陰으로 삼는다.

太陰 歲後二辰爲太陰

④ 著率저율

정의 著率의 발음은 '저율著律'이다.

貯律二音

⑤ 猗頓用鹽鹽起의돈·용고염기

집해 《공총자孔叢子》에서 말한다. "의돈猗頓은 노魯나라의 곤궁한 선비였다. 농사를 지어도 항상 굶주렸고 양잠을 해도 항상 추위에 떨었다. 주공朱公이 부유하다는 말을 듣고 가서 방법을 물었다. 주공朱公이 고하기를 '그대가 신속하게 부자가 되고자 한다면 마땅히 다섯 마리의 암소를 키워라.'라고 했다. 이에 서하西河로 가서 크게 소와 양을 의지猗氏의 남쪽에서 길렀다. 10년 사이에 헤아릴 수 없이 번식하였다. 자금은 왕공王公을 견주었고 명성이 천하에 전해졌다. 부유한 것을 의지猗氏에서 일으켰다. 그러므로 '의돈猗頓'이라고 한다."

孔叢子曰 猗頓 魯之窮士也 耕則常飢 桑則常寒 聞朱公富 往而問術焉 朱公告之曰 子欲速富 當畜五牸 於是乃適西河 大畜牛羊于猗氏之南 十年之間其息不可計 貲擬王公 馳名天下 以興富於猗氏 故曰猗頓

색은 鹽의 발음은 '고古'이다. 살펴보니 《주례》〈염인鹽人〉에는 "공고염共苦鹽"이라고 했다. 두자춘杜子春이 말했다. "고苦의 독음은 고鹽(짠 것)와 같다." 고鹽는 소금을 내어 곧바로 사용하여 달이지 않은 것을 이르는 것이다. 일설에는 고염鹽鹽이라고 한 것은 하동河東의 대염大鹽을 이른 것이고, 산염散鹽은 동해東海의 바닷물을 달여서 소금으로 만든 것이라고 했다.

鹽音古 案 周禮鹽人云共苦鹽 杜子春以爲苦讀如鹽 鹽謂出鹽直用不煉也 一說云鹽鹽 河東大鹽 散鹽 東海煮水爲鹽也

정의 살펴보니 의지猗氏는 포주蒲州의 현縣이다. 하동의 염지鹽池는 이 휴염畦鹽이다. '휴畦'자로 된 것은 마치 부추를 한 밭두둑에 심은 것과 같아서이다. 하늘에서 비가 내리면 연못 속의 소금기가 묽어져서 균등해진다. 곧 밭도랑 해자 안의 물이 위의 밭두둑에 맞추어져, 깊이가 한 자 남짓 되는 구덩이를 햇볕에 5~6일을 쬐면 만들어지는데, 소금이 마치 백반석으로 크고 작은 쌍륙雙陸이나 바둑알처럼 되면 휴염畦鹽이라고 불렀다. 어떤 곳에는 화염花鹽이 있는데 황하의 염지鹽池에 연유한 8~9곳이 있다. 염주鹽州에는 오지烏池가 있어 세 가지 색의 소금이 나오는데 정염井鹽, 휴염畦鹽, 화염花鹽이 있다. 그 연못 안에 우물의 깊이를 한 자나 두 자 정도로 파고 진흙을 제거하면 곧 소금이 이르는데 파고 취하면서 1장一丈에 이를 것 같으면 평석平石이 나타나고 소금은 없어진다. 그 색은 혹은 희거나 혹은 청흑색이며 이름을 정염井鹽이라 한다. 휴염畦鹽은 하동의 것과 같다. 화염花鹽은 연못 안에 비가 내리면 수시로 크고 작은 소금이 만들어진다. 그 아래는 네모진 작은 구멍이 있고 그 윗머리는 비를 따라 연못 안으로 흘러내려 가다가 그 물방울이 높이 뛰어오르는데, 탑자塔子의 형체가 처한 것과 같아서 화염花鹽이라고 하고 또한 즉성염卽成鹽이라고 한다. 연못의 중심에는 천정泉井이 있는데 담수이며 연못을 만든 사람이나 말이 모두 이 우물을 마신다. 그 소금은 4푼이 관官으로 들어가고 1푼은 백성에게 들어간다. 연못 안을 또 뚫어서 염괴鹽塊(소금덩이)를 얻는데 넓이는 한 자 남짓이고 높이는 두 자이다. 백색 빛이 환하며 매해의 공물貢物로 바쳐진다.

案 猗氏 蒲州縣也 河東鹽池是畦鹽 作畦 若種韭一畦 天雨下 池中鹹淡得均 卽畎池中水上畔中 深一尺許(坑)〔坑〕 日暴之五六日則成 鹽若白礬石 大小如雙陸及(暮)〔某〕 則呼爲畦鹽 或有花鹽 緣黃河鹽池有八九所 而鹽州有烏池 猶出三色鹽 有井鹽畦鹽花鹽 其池中鑿井深一二尺 去泥卽到鹽 掘取若至一丈 則著平石無鹽矣 其色或白或靑黑 名曰井鹽 畦鹽若河東者 花鹽 池中雨下 隨而大小成鹽 其下方微空 上頭隨雨下池中 其滴高起若塔子形處曰花鹽 亦曰卽成鹽焉 池中心有泉井 水淡 所作池人馬盡汲此井 其鹽四分入官 一分入百姓也 池

中又鑿得鹽塊 闊一尺餘 高二尺 白色光明洞徹 年貢之也

오지烏氏 땅의 과倮는^① 목축업牧畜業을 해서 가축의 수가 많게^② 되면 항상 값을 살피고 팔아 기이한 비단을 구하고^③ 틈만 나면^④ 융왕戎王에게 보내 바쳤다. 융왕은 그 가격에 열 배를 보태 계산해서 가축으로 주었다.^⑤ 이에 과倮의 가축은 산의 골짜기마다 말과 소로 가득했다.^⑥ 진시황은 과倮를 부르면 제후와 동등하게 대우하고 네 계절마다 여러 신하와 함께 조정에 들어 조회하도록 했다.

또 파巴 땅에 청淸이라는 과부^⑦가 있었는데 그의 선조는 단사丹沙를 캐는 굴^⑧을 얻어서 그 이익을 여러 대에 걸쳐 독점하여 집안에는 또한 재물이 많아 헤아리지 못할 정도였다.^⑨ 청淸은 과부였다. 그러나 능히 그의 가업을 지켰는데, 재물을 이용해서 스스로 지켜 남에게 침범당하지 않은 것이다. 진시황이 청淸을 정부貞婦로 삼고 손님으로 대접했으며 그녀를 위해 여회청대女懷淸臺를 쌓게 했다.

대저 과倮는 시골 사람이며 목장의 주인이었고 청淸은 궁벽한 시골의 과부였으나 만승의 천자와 동등한 예를 하며 명성이 천하에 드러났으니 어찌 부유함 때문이 아니겠는가?

烏氏倮^①畜牧 及衆^② 斥賣 求奇繪物^③ 間^④獻遺戎王 戎王什倍其償 與之畜^⑤ 畜至用谷量馬牛^⑥ 秦始皇帝令倮比封君 以時與列臣朝請 而巴(蜀)寡婦清^⑦ 其先得丹穴^⑧ 而擅其利數世 家亦不訾^⑨ 清 寡婦也 能守其

業 用財自衛 不見侵犯 秦皇帝以爲貞婦而客之 爲築女懷清臺 夫倮鄙

人牧長 清窮鄉寡婦 禮抗萬乘 名顯天下 豈非以富邪

① 烏氏倮오지과

집해 위소가 말했다. "오지烏氏는 현 이름이고 안정安定에 속한다. 과

倮는 이름이다."

韋昭曰 烏氏 縣名 屬安定 倮 名也

색은 《한서》에는 '나臝'로 되어 있다. 살펴보니 오지烏氏는 현 이름이

다. 氏의 발음은 '지支'이다. 이름은 과倮이고 倮의 발음은 '과踝'이다.

漢書作臝 案 烏氏 縣名 氏音支 名倮 音踝也

정의 현縣에 고성古城이 있는데 경주涇州 안정현 동쪽 40리이다. 과倮

는 이름이다.

縣 古城在涇州安定縣東四十里 倮 名也

② 衆중

색은 목축이 지극히 많이 이르렀을 때를 말한다.

謂畜牧及至衆多之時

③ 求奇繒物구기회물

색은 물건 값을 살피고 팔아서 기이한 물건을 구하는 것을 이른다.

謂斥物賣之以求奇物也

④ 間간

서광이 말했다. "간間은 다른 판본에는 '간奸'으로 되어 있다. 공정하지 못한 것을 간奸이라고 이른다."

徐廣曰 間 一作奸 不以公正謂之奸也

살펴보니 간헌間獻은 사헌私獻(사사로이 바치는 것)과 같다.

案 間獻猶私獻也

⑤ 與之畜여지축

그것의 10배에 해당하는 만큼 가축을 주는 것이다. 융왕이 소와 양을 10배로 보상해 주는 것을 이른다. '당當' 자는 《한서》에서 '상償'으로 되어 있다.

什倍其當 予之畜 謂戎王償之牛羊十倍也 當字漢書作償也

⑥ 谷量馬牛곡량마우

위소가 말했다. "계곡에 가득하면 모두 다시 세지 않는다."

韋昭曰 滿谷則具不復數

谷의 발음은 '욕欲'이다.

谷音欲

⑦ 寡婦淸과부청

《한서》에는 "파과부청巴寡婦淸"이라고 했다. 파巴는 과부가 사는 고을이다. 청淸은 그의 이름이다.

漢書 巴寡婦淸 巴 寡婦之邑 淸 其名也

⑧ 丹穴단혈

서광이 말했다. "배릉涪陵에서 단丹이 나온다."

徐廣曰 涪陵出丹

《괄지지》에서 말한다. "과부청대산寡婦淸臺山은 속명이 정여산貞女山이고 배주涪州 영안현 동북쪽 70리에 있다."

括地志云 寡婦淸臺山俗名貞女山 在涪州永安縣東北七十里也

⑨ 家亦不訾가역부자

살펴보니 그의 재산이 많아서 재산을 헤아릴 수 없다는 것을 이른다.

案 謂其多 不可訾量

訾의 발음은 '자[子兒反]'이다. 재물이 많고 많아 재물을 헤아릴 수 없음을 말한다. 일설에는 '청淸이 많은 재물이나 건량을 사방으로 보내서 그의 사업을 보호하는데 사용했으므로 재물이 또한 많이 쌓여 있지 않았다.'라고 했다.

音子兒反 言資財衆多 不可訾量 一云淸多以財餉遺四方 用衞其業 故財亦不多積聚

지역별 산물

한漢나라가 흥성해져 해내海內(천하)가 하나로 통일되자 관문과 교량을 개방하고 산이나 늪지대의 금지법을 느슨하게 했다. 이 때문에 부상富商과 대고大賈(큰 장수)들이 천하를 주류하여, 교역하는 물건들이 유통되지 않는 곳이 없어 그들이 원하는 것을 얻었으며, 호걸과 제후, 명문대족들은 모두 경사京師(장안)로 이사했다.

관중關中의 견수汧水와 옹주雍州로부터 동쪽으로 하수河水와 화산華山에 이르기까지 비옥한 토지가 1,000여 리였다. 이는 우虞나라와 하夏나라로부터 세금을 부과하는데 상등의 전답으로 여겼다.

또 주周나라의 공류公劉는 빈邠 땅으로 갔다. 태왕太王과 왕계王季는 기산岐山에서 살았다. 문왕文王은 풍豐 땅에서 일어났으며 무왕은 호鎬 땅에서 다스렸다. 그러므로 그의 백성은 아직도 선왕先王들이 남긴 풍속이 있어 농사짓는 것을 좋아하고 오곡을 중식하며 땅을 중하게 여기고[1] 사특한 짓을 하는 것을 어렵게 여겼다.[2] 진나라에 이르러 문공文公과 덕공德公과 목공繆公이 옹 땅에 거주하고, 농隴과 촉蜀 땅 사이[3]의 재물을 들어오게 하자 상인[4]들도 많이 들어왔다. 헌공獻公은 역읍櫟邑[5]으로 천도하였는데, 역읍은 북쪽으로 융적戎翟(오랑캐)을 물리쳤고 동쪽으로 삼진三晉(韓, 魏, 趙)과 교통해서 또한 큰 장사꾼이 많았다.

효공孝公과 소왕昭王은 함양咸陽에 도읍하고 다스렸다. 이로 인해 한나라의 도읍으로써 여러 능陵을 장안에 축조하니 사방四方에서 폭주해 견주듯 모여들어 땅은 적고 인구가 많아졌다. 이런 까닭으로 그곳의 백성이 더욱 교묘해져서 말업末業(상공업)에 종사하게 되었다.

漢興 海內爲一 開關梁 弛山澤之禁 是以富商大賈周流天下 交易之物 莫不通 得其所欲 而徙豪傑諸侯彊族於京師 關中自汧雍以東至河華 膏壤沃野千里 自虞夏之貢以爲上田 而公劉適邠 大王王季在岐 文王 作豐 武王治鎬 故其民猶有先王之遺風 好稼穡 殖五穀 地重^① 重爲邪^② 及秦文(孝)〔德〕繆居雍 隙^③隴蜀之貨物而多賈^④ 獻(孝)公徙櫟邑^⑤ 櫟 邑北卻戎翟 東通三晉 亦多大賈 (武)〔孝〕昭治咸陽 因以漢都 長安諸陵 四方輻湊竝至而會 地小人衆 故其民益玩巧而事末也

① 地重지중

색은 경작耕作을 중시하는 것을 말한다.

言重耕稼也

② 重爲邪중위사

색은 重의 발음은 '총[逐隴反]'이다. 중重은 난難이다. 죄를 두려워해서 감히 간사한 짓을 하지 않는 것이다.

重音逐隴反 重者 難也 畏(言)〔罪〕不敢爲姦邪

정의 重의 발음은 '총[逐拱反]'이다. 관중의 땅은 엄숙하고 깊이가 있어 백성이 또한 거듭 어렵게 여기고 사특하고 나쁜 짓을 하지 않는 것이다.

重竝逐拱反 言關中地重厚 民亦重難不爲邪惡

③ 隙극

집해 서광이 말했다. "극隙은 사이의 구멍이다. 땅이 농隴과 촉蜀의 사이인 요로要路에 있다. 그러므로 '극隙'이라고 한다."

徐廣曰 隙者 間孔也 地居隴蜀之間要路 故曰隙

색은 서씨가 말했다. "극隙은 간공間孔이다. 극隙은 농隴과 옹雍의 사이인 한극閑隙의 땅이다. 그러므로 '옹극雍隙'이라고 일렀다."

徐氏云隙 間孔也 隙者 隴雍之間閑隙之地 故云雍隙也

정의 옹雍은 현이다. 기주岐州의 옹현이다.

雍 縣 岐州雍縣也

④ 賈고

색은 賈의 발음은 '고古'이다.

音古

신주 고賈는 상인商人의 뜻이다.

⑤ 櫟邑역읍

집해 서광이 말했다. "풍익馮翊에 있다."

徐廣曰 在馮翊

색은 앞 글자 櫟의 발음은 '약藥'이다. 곧 역양櫟陽이다.

上音藥 卽櫟陽

남쪽은 파巴와 촉蜀 땅이다. 파와 촉은 또한 들판이 비옥하고 땅이 풍요하며 연지,① 생강, 단사, 돌, 구리, 철,② 죽기竹器, 목기木器가 풍부했다. 남쪽으로 전滇과 북僰이 있는데, 북인僰人들을 종으로 부렸다. 서쪽으로 공邛과 작筰이 가까운데 작筰에는 말과 검은 소가 있다. 그러나 파와 촉은 사방이 막혀 있었다. 이에 1,000리 가까이 잔도棧道로 만들어 통하지 않는 곳이 없었는데, 오로지 포사褒斜③지역 길, 그 입구에 모여들어 많이 생산된 것으로써 부족한 물자와 교환했다.④

천수天水, 농서隴西, 북지北地, 상군上郡은 관중關中과 풍속을 함께하고 있다. 그러나 서쪽으로 강중羌中(오랑캐)과의 교역에 이로운 것들이 있고, 북쪽으로 융적戎翟의 가축이 있다. 이곳의 목축이 천하에서 제일 풍요하다. 그러나 지역이 또한 궁벽하고 험난해서 오직 경사京師(장안)에서만 그 길을 통하고 있다.⑤ 그러므로 관중의 땅은 천하 3분의 1을 차지하고 인구의 수는 10분의 3에 불과하지만, 그 부유함을 헤아려 본다면 10분의 6을 가졌다고 볼 수 있다.

옛날 당唐나라 사람은 하동河東⑥에 도읍을 정했고, 은殷나라 사람은 하내河內⑦에 도읍을 정했고, 주周나라 사람은 하남河南⑧에 도읍을 정했다.

대저 삼하三河는 천하의 중앙에 있고 솥의 세 발과 같아서 왕자王者들이 번갈아 도읍으로 정한 곳이다. 이곳에 국가를 세워서 수백 년 또는 천년을 헤아렸다. 토지는 협소한데 백성은 많았다. 도읍한 나라는 제후들이 모여드는 곳이었다. 그러므로 그 풍속이 섬세하고 검소하며 일 처리에 익숙했다.

南則巴蜀 巴蜀亦沃野 地饒巵[1]薑丹沙石銅鐵[2]竹木之器 南御滇僰 僰

僮 西近邛笮 笮馬旄牛 然四塞 棧道千里 無所不通 唯褒斜[3]綰轂其口

以所多易所鮮[4] 天水隴西北地上郡與關中同俗 然西有羌中之利 北有

戎翟之畜 畜牧爲天下饒 然地亦窮險 唯京師要其道[5] 故關中之地 於天

下三分之一 而人衆不過什三 然量其富 什居其六 昔唐人都河東[6] 殷人

都河內[7] 周人都河南[8] 夫三河在天下之中 若鼎足 王者所更居也 建國

各數百千歲 土地小狹 民人衆 都國諸侯所聚會 故其俗纖儉習事

① 巵지

집해 서광이 말했다. "巵의 발음은 '지支'이다. 연지烟支이며 자적색紫
赤色이다."

徐廣曰 音支 烟支也 紫赤色也

② 銅鐵동철

집해 서광이 말했다. "공도邛都에서 동銅이 나오고, 임공臨邛에서 철鐵
이 나온다."

徐廣曰 邛都出銅 臨邛出鐵

③ 褒斜포사

집해 서광이 말했다. "한중漢中에 있다."

徐廣曰 在漢中

색은 포사褒斜는 길이 좁아 그 길의 입구를 관통하는데 수레바퀴 살이 모여드는 것과 같다. 그러므로 '관곡縮轂'이라고 이른다.

言褒斜道狹 縮其道口 有若車轂之湊 故云縮轂也

④ 多易所鮮다역소선

색은 易의 발음은 '역亦'이다. 鮮의 발음은 '선尠'이다. 많은 것으로써 적은 것과 바꾸는 것을 말한 것이다.

易音亦 鮮音尠 言以所多易其所少

⑤ 要其道요기도

정의 要의 발음은 '요腰'이다. 그 길을 요긴하게 여겨 단속하는 것을 말하는 것이다.

要音腰 言要束其路也

⑥ 河東하동

집해 서광이 말했다. "요임금은 진양晉陽에 도읍했다."

徐廣曰 堯都晉陽也

⑦ 河內하내

정의 반경盤庚이 은허殷墟에 도읍했으며 땅은 하내河內에 속한다.

盤庚都殷墟 地屬河內也

⑧ 河南하남

정의 주평왕周平王 이하로부터 낙양洛陽에 도읍했다.

周自平王已下都洛陽

양楊, 평양平陽, 진陳①은 서쪽으로 진秦, 적翟과 상거래를 했고,② 북쪽으로 종種, 대代③와 상거래를 했다.

종種과 대代는 석읍石邑의 북쪽④에 있어 땅이 호胡(흉노)와 국경을 이루고 있어서 자주 도적에게 피해당했다.

백성은 포악스럽고⑤ 기운 쓰는 것을 좋아하고 호협한 기질이 있어서 간사한 것들을 만들고 농업이나 상업을 일로 삼지 않았다. 그러나 북쪽의 오랑캐들과 가까이하고 있어, 군사들이 자주 왕래하여 중원에서 물자를 수송할 때는 특별한 벌이가 있었다.⑥ 그 백성은 들양처럼 길들이기가 쉽지 않았고⑦ 진晉나라가 전성기일 때부터 이미 날래고 사나운 것을 걱정했다. 조趙나라 무령왕武靈王 때는 더욱 그들을 장려하여 사납게 했는데 그들의 풍속에는 조趙나라의 풍속이 여전히 남아 있다.

그러므로 양楊 땅과 평양平陽의 사람들은 이러한 것을 잘 이용해서⑧ 하고자 하는 것들을 얻었다.

楊平陽陳① 西賈秦翟② 北賈種代③ 種代 石北④也 地邊胡 數被寇 人民 矜懻忮⑤ 好氣 任俠爲姦 不事農商 然迫近北夷 師旅亟往 中國委輸時 有奇羨⑥ 其民羯羠不均⑦ 自全晉之時固已患其僄悍 而武靈王益厲之 其謠俗猶有趙之風也 故楊平陽陳掾⑧其間 得所欲

① 楊平陽陳양평양진

색은 양楊과 평양平陽은 두 읍의 이름이며 조趙나라의 서쪽에 있다. '진陳' 자는 아마도 연자衍字일 것이다. 이하에 "양평양진연楊平陽陳掾"의 문장이 있는 것은 이에 따라 연문衍文이 된다. 양楊과 평양平陽 두 읍의 사람들이 모두 서쪽으로 진秦과 적翟과 장사를 하고 북쪽으로 종種과 대代와 장사를 하는 것이다. 종種과 대代는 석읍石邑의 북쪽에 있다.

楊平陽 二邑名 在趙之西 陳蓋衍字 以下有楊平陽陳掾 此因衍也 言二邑之人皆西賈於秦翟 北賈於種代 種代在石邑之北也

② 西賈秦翟서고진적

정의 賈의 발음은 '고古'이다. 진秦나라는 관내關內이다. 적翟은 습隰, 석石 등에 속한 주州의 부락으로 헤아려진다. 연延, 유綏, 은銀의 삼주三州는 모두 백적白翟이 거처하는 곳이다.

賈音古 秦 關內也 翟 隰石等州部落稽也 延綏銀三州皆白翟所居

③ 種代종대

정의 앞 글자 種의 발음은 '종[之勇反]'이다. 종種은 항주恆州 석읍현石邑縣의 북쪽에 있으니 아마 울주蔚州일 것이다. 대代는 지금의 대주代州이다.

上之勇反 種在恆州石邑縣北 蓋蔚州也 代 今代州

④ 石北석북

집해 서광이 말했다. "석읍현石邑縣이며, 상산常山에 있다."

徐廣曰 石邑縣也 在常山

⑤ 懻忮기기

집해 진작晉灼이 말했다. "懻의 발음은 '개慨'이다. 기忮는 견기堅忮(고집스럽다)이다." 신찬이 말했다. "懻의 발음은 '개慨'이다. 지금 북쪽 땅에서는 강직한 것을 이름해서 '기중懅中'이라고 한다."

晉灼曰 懅音慨 忮音堅忮 瓚曰 懅音慨 今北土名彊直爲懅中也

색은 앞 글자 懅의 발음은 '기冀'이고, 뒷 글자 忮의 발음은 '치實'이다.

上音冀 下音實

⑥ 奇羨기선

색은 앞 글자 奇의 발음은 '기羈'이고, 뒷 글자 羨의 발음은 '언[羊戰反]'
이다. 기선奇羨은 기이하게 남는 것이 있다는 것을 이른다.

上音羈 下音羊戰反 奇羨謂奇有餘衍也

⑦ 羯羠不均갈이불균

집해 서광이 말했다. "羠의 발음은 '시兕' 또는 '쉐[囚几反]'이다. 모두 건
강한 양의 이름이다."

徐廣曰 羠音兕 一音囚几反 皆健羊名

색은 羯의 발음은 '글[己紇反]'이고 羠의 발음은 '지[慈紀反]'이다. 서광
이 말했다. "羠의 발음은 '시兕'이고 모두 건강한 양이다." 그쪽의 사람
들은 성품이 양과 같고 건강하고 사나워서 길들이지 못하는 것이다.

羯音己紇反 羠音慈紀反 徐廣云羠音兕 皆健羊也 其方人性若羊 健捍而不均

신주 갈이羯羠는 '제멋대로여서 길들이기가 쉽지 않은 힘이 좋은 숫양
과 야생한 암양'을 의미한다. 즉 종種과 대代에 사는 백성들의 성품을 말
한 것이다.

⑧ 陳掾진연

색은 掾의 발음은 '천[逐緣反]'이다. 진연陳掾은 경영하여 몰아 달리며

쫓는 것과 같다.

掾音逐緣反 陳掾猶經營馳逐也

온溫과 지軹①는 서쪽으로 상당上黨②과 상거래를 했고, 북쪽으로 조趙, 중산中山③과 상거래를 했다. 중산은 땅이 척박하고 사람이 많은 데다가 여전히 사구沙丘의 주왕紂王이 음란한 짓을 했던 땅④의 유민들이 남아 있어서, 백성의 풍속이 성급하고⑤ 기회를 타서 얻는 이익⑥에 의지해 먹고 살았다.

남자들은 함께 모여 놀이하고, 비분강개하며 노래를 부르고, 아침에 일어나면 서로 규합하여 몽둥이로 재물을 노략질하고,⑦ 밤에는 무덤을 파헤치며 교묘하고 간악한 물품을 만들고 주조해 전시하고,⑧ 잘생긴⑨ 남자들은 배우가 되기도 했다.

여자들은 비파를 타고 신을 신고 다니면서⑩ 귀인이나 부자들에게 꼬리를 치며 후궁으로 들어가서 제후국마다 두루 퍼졌다.

溫軹①西賈上黨② 北賈趙中山③ 中山地薄人衆 猶有沙丘紂淫地餘民④ 民俗懁⑤急 仰機利⑥而食 丈夫相聚游戲 悲歌忼慨 起則相隨椎剽⑦ 休則掘冢作巧姦冶⑧ 多美⑨物 爲倡優 女子則鼓鳴瑟 跕屣⑩ 游媚貴富 入後宮 徧諸侯

---

① 溫軹온지

색은 두 곳의 현縣 이름이다. 하내河內에 속한다.

二縣名 屬河內

② 上黨상당

정의 택주澤州와 노주潞州 등의 주州이다.

澤潞等州也

③ 趙中山조중산

정의 낙주洛州와 정주定州이다.

洛州及定州

④ 地薄人衆~淫地餘民지박인중~음지여민

집해 진작이 말했다. "땅은 척박하고 사람은 많은 데다가 여전히 다시 사구沙丘의 주왕紂王이 음란한 짓을 했던 땅의 유민들이 남아 있어서 모두 이를 이어 음란한 풍속으로 말하는 것을 말하는 것이다."

晉灼曰 言地薄人衆 猶復有沙丘紂淫地餘民 通係之於淫風而言也

정의 사구沙丘는 형주邢州에 있다.

沙丘在邢州也

⑤ 慣견

집해 서광이 말했다. "견慣은 다른 판본에는 '급急'으로 되어 있고 慣의 발음은 '견絹'이다. 다른 판본에는 '현儇'으로 되어 있고, 다른 판본에는 '혜惠'로 되어 있다. 儇의 발음은 '현翾'이다."

徐廣曰 慣 急也 音絹 一作儇 一作惠也 音翾也

색은 慣의 발음은 '견絹'이다. 儇의 발음은 '현翾'이다.

慣音絹 儇音翾

⑥ 機利기리

신주 기회를 타서 얻는 이익을 말한다.

⑦ 椎剽추표

색은 椎의 발음은 '주[卽追反]'이다. 망치로 사람을 죽이거나 협박해 빼앗는 것이다.

椎 卽追反 椎殺人而剽掠之

⑧ 作巧姦冶작교간야

집해 서광이 말했다. "다른 판본에는 야冶는 '고蠱'로 되어 있다."

徐廣曰 一作蠱

신주 작교作巧는 교묘한 기술로 물품을 만들어 전시하는 것을 말한다. 따라서 작교간야作巧姦冶는 교묘하고 간사한 기술로 물품을 만들거나 주조해서 전시함을 말한다.

⑨ 美미

집해 서광이 말했다. "미美는 다른 판본에 '롱弄'으로 되어 있고, 또 다른 판본에는 '추椎'로 되어 있다."

徐廣曰 美 一作弄 一作椎

⑩ 跕屣접사

집해 서광이 말했다. "跕의 발음은 '첩帖'이다." 장안이 말했다. "접跕은 사屣이다." 신찬이 말했다. "발뒤꿈치를 밟는 것을 접跕이라고 한다."

徐廣曰 跕音帖 張晏曰 跕 屣也 瓚曰 躡跟爲跕也

그러나 한단邯鄲은 또한 장수漳水[①]와 하수河水의 사이에 있는 하나의 도회지이다. 북쪽으로 연燕과 탁涿으로 통하고, 남쪽으로 정鄭과 위衛가 있다. 정鄭과 위衛는 풍속이 조趙나라와 서로 비슷하다. 그러나 양梁과 노魯에 가까워서 다소 중후하고 절개를 자랑하기도 한다.[②]

복상濮上의 읍들이 야왕野王[③]으로 옮겼는데, 야왕 땅의 사람들이 기운 쓰는 것을 좋아하고 호협한 기개가 있는 것은 위衛나라의 기풍이다.

대저 연燕나라는 또한 발해勃海와 갈석산碣石山[④] 사이에 있는 하나의 도회지이다. 남쪽으로 제齊, 조趙나라와 통하고 동북쪽으로 호胡(흉노)와 이웃하고 있다. 상곡上谷에서 요동遼東까지 지역은 아득히 멀고[⑤] 백성이 적고 자주 도적들의 피해를 입었다. 크게는 조趙와 대代나라의 풍속과 비슷하다. 백성은 민첩하고 사나우며[⑥] 생각이 얕다. 물고기, 소금, 대추, 밤이 풍부하게 난다. 북쪽으로 오환烏桓, 부여夫餘와 이웃하고 있다.[⑦] 동쪽으로 예맥穢貉,[⑧] 조선朝鮮, 진번眞番[⑨]의 이익을 통괄했다.

然邯鄲亦漳[①]河之間一都會也 北通燕涿 南有鄭衞 鄭衞俗與趙相類 然近梁魯 微重而矜[②]節 濮上之邑徙野王[③] 野王好氣任俠 衞之風也 夫燕

亦勃碣④之間一都會也 南通齊趙 東北邊胡 上谷至遼東 地踔遠⑤ 人民
希 數被寇 大與趙代俗相類 而民雕捍⑥少慮 有魚鹽棗栗之饒 北鄰⑦烏
桓夫餘 東綰穢貉⑧朝鮮眞番⑨之利

① 漳장
정의 명수洺水의 본래 이름은 장수漳水인데 한단邯鄲이 그 땅에 있다.
洺水本名漳水 邯鄲在其地

② 矜긍
집해 서광이 말했다. "긍矜은 다른 판본에 '무務'로 되어 있다."
徐廣曰 矜 一作務

③ 野王야왕
집해 서광이 말했다. "위군衛君 각角이 야왕野王으로 이사했다."
徐廣曰 衞君角徙野王
정의 진秦나라에서 위衛의 복양濮陽을 함락시키고 그의 군주를 회주懷
州의 야왕으로 옮겼다.
秦拔衞濮陽 徙其君於懷州野王

④ 勃碣발갈
정의 발해勃海와 갈석산碣石山은 서북쪽에 있다.
勃海碣石在西北

⑤ 踔遠탁원

색은 유씨가 말했다. "앞 글자 踔의 발음은 '탁卓' 또는 '쵸[敕敎反]'이다. 또한 멀리 오르는 모양이다."

劉氏上音卓 一音敕敎反 亦遠騰貌也

⑥ 雕捍조한

색은 사람들이 조한雕悍하다는 것은 독수리처럼 성품이 민첩하고 사나운 것을 말한다.

人雕悍 言如雕性之捷捍也

⑦ 鄰린

색은 인鄰은 다른 판본에 '임臨'으로 되어 있다. 임臨은 또한 물리치고 배반한다는 뜻인데, 다른 곳도 모두 이와 같다.

鄰 一作臨 臨者 亦卻背之義 他竝類此也

⑧ 穢貊예맥

색은 동쪽으로 예맥을 통괄한다. 살펴보니 관綰은 그의 중요한 나루를 거느리는 것이다. 곧 위에서 '임臨'이라고 이른 것은 물리쳐 배반하는 것을 이른다.

東綰穢貊 案 綰者 綰統其要津 則上云臨者 謂卻背之

⑨ 番번

정의 番의 발음은 '번潘'이다.

番音潘

낙양洛陽은 동쪽으로 제齊, 노魯나라와 상거래를 하고, 남쪽으로 양梁, 초楚나라와 상거래를 한다. 그러므로 태산泰山의 남쪽이 곧 노魯나라가 되고 그 북쪽이 곧 제齊나라가 되는 것이다.

제齊나라는 산과 바다로 둘러싸여[1] 기름진 땅이 1,000리이고 뽕나무와 삼[麻] 농사에 적합하며, 백성이 많고 문채 있는 비단, 베, 물고기, 소금 등이 많이 생산된다. 임치臨菑는 또한 동해와 태산의 사이에 있는 하나의 도회지이다. 그 풍속은 너그럽고 활달하여 지혜가 있고 의논을 좋아하며, 땅을 중시해서 떠나기를 꺼려하고 무리가 싸우는 데는 겁을 먹지만, 무기를 가지고 싸우는 데는 용감하다. 그러므로 남을 겁박하는 자가 많고 대국大國의 풍조가 있다. 또 그 나라 안에는 5민五民인 사士, 농農, 공工, 상商, 고賈가[2] 함께 하고 있다.

洛陽東賈齊魯 南賈梁楚 故泰山之陽則魯 其陰則齊 齊帶山海[1] 膏壤千里 宜桑麻 人民多文綵布帛魚鹽 臨菑亦海岱之間一都會也 其俗寬緩闊達 而足智 好議論 地重 難動搖 怯於衆鬪 勇於持刺 故多劫人者 大國之風也 其中具五民[2]

① 齊帶山海제대산해

集解 서광이 말했다. "〈제태공세가齊太公世家〉에서 제齊나라는 태산泰山으로부터 낭야琅邪까지 속하고, 북쪽으로 바다에 미쳐 기름진 땅이 2,000리이며, 그 백성은 활달하고 많은 지혜를 숨기고 있다."

徐廣曰 齊世家曰 齊自泰山屬之琅邪 北被于海 膏壤二千里 其民闊達多匿智

② 五民오민

<u>집해</u> 복건이 말했다. "사士, 농農, 상商, 공工, 고賈이다." 여순이 말했
다. "나그네가 그 풍속을 즐기고 다시 돌아가지 않는다. 그러므로 오방五
方의 백성이 있는 것이다."

服虔曰 士農商工賈也 如淳曰 游子樂其俗不復歸 故有五方之民

추鄒와 노魯나라는 수수洙水와 사수泗水의 강가를 끼고 있어 여전
히 주공周公의 유풍遺風이 있고, 풍속이 선비를 좋아해 예를 잘 지
킨다. 그러므로 그 백성은 신중하다.① 대다수가 잠업과 방적하는
일에 종사하고 있고, 수풀이나 늪지대의 풍요로움은 없다. 땅은 적
으나 사람은 많고 검소하고, 인색하다. 죄를 두려워하며 사특한 것
을 멀리한다. 그곳이 쇠약해짐에 이르자 장사를 좋아하고 이로운
것을 따랐는데, 이익을 따르는 것이 주周나라 사람보다 심했다.
대저 홍구鴻溝② 동쪽에서부터 망芒과 탕산碭山③의 북쪽까지 거
야巨野④에 소속되는데, 이곳은 양梁과 송宋의 땅⑤이다. 도陶⑥와
수양睢陽⑦은 또한 하나의 도회지이다. 옛날에 요堯임금은 성양成
陽에서 일어났고,⑧ 순舜임금은 뇌택雷澤⑨에서 고기잡이를 했고,
탕왕湯王은 박亳 땅⑩에 도읍을 정했다. 그곳의 풍속은 마치 선왕
先王들의 유풍遺風이 있는 듯해 중후하고 군자들이 많으며 농사
를 좋아했다. 비록 산이나 시내에서 나는 풍요로운 물산은 없으
나 능히 험한 옷을 입고 거친 음식을 먹으면서도 재물을 저축하
는 데에 이르렀다.

而鄒魯 濱洙泗 猶有周公遺風 俗好儒 備於禮 故其民齪齪① 頗有桑麻

之業 無林澤之饒 地小人衆 儉嗇 畏罪遠邪 及其衰 好賈趨利 甚於周人

夫自鴻溝②以東 芒碭③以北 屬巨野④ 此梁宋⑤也 陶⑥睢陽⑦亦一都會也

昔堯作(游)〔於〕成陽⑧ 舜漁於雷澤⑨ 湯止于亳⑩ 其俗猶有先王遺風 重

厚多君子 好稼穡 雖無山川之饒 能惡衣食 致其蓄藏

① 齪齪착착

【색은】 齪의 발음은 '착[側角反]' 또는 '츤[側斷反]'이다.

齪音側角反 又音側斷反

【신주】 착착齪齪은 청렴하고 조심하는 모양이다.

② 鴻溝홍구

【집해】 서광이 말했다. "형양에 있다."

徐廣曰 在滎陽

③ 芒碭망탕

【집해】 서광이 말했다. "지금의 임회臨淮가 된다."

徐廣曰 今爲臨淮

④ 巨野거야

【정의】 운주鄆州 거야현鉅野縣에는 거야택鉅野澤이 있다.

鄆州鉅野縣(在)〔有〕鉅野澤也

⑤ 梁宋양송

집해 서광이 말했다. "지금의 준의浚儀이다."

徐廣曰 今之浚儀

정의 홍구鴻溝의 동쪽과 망芒과 탕碭의 북쪽으로부터 거야鉅野에 이르기까지 양梁과 송宋 두 나라의 땅이다.

鴻溝以東 芒碭以北至鉅野 梁宋二國之地

⑥ 陶도

집해 서광이 말했다. "지금의 정도定陶이다."

徐廣曰 今之定陶

정의 지금의 조주曹州이다.

今曹州

⑦ 睢陽수양

정의 지금의 송주宋州 송성宋城이다.

今宋州宋城也

⑧ 作成陽작성양

집해 여순이 말했다. "작作은 기起(일어난다)이다. 성양成陽은 정도定陶에 있다."

如淳曰 作 起也 成陽在定陶

⑨ 雷澤뇌택

집해 서광이 말했다. "성양成陽에 있다."

徐廣曰 在成陽

정의 택澤은 뇌택현의 서북쪽에 있다.

澤在雷澤縣西北也

⑩ 亳박

집해 서광이 말했다. "지금의 양국梁國 박현薄縣이다."

徐廣曰 今梁國薄縣

정의 송주宋州 곡숙현穀熟縣 서남쪽 45리 남박주南亳州의 고성이 이곳
이다.

宋州穀熟縣西南四十五里南亳州故城是也

월越과 초楚나라 땅①에는 세 가지의 풍속이 있다. 회북淮北의 북
쪽으로부터 패沛, 진陳, 여남汝南, 남군南郡②은 서초西楚 지역이
다. 그곳의 풍속은 경박하고 쉽게 화를 내며 지질도 척박해 저축
하는 자가 적다.

강릉江陵은 옛 초나라 수도인 영郢③이며 서쪽으로 무巫, 파巴④와
통하고 동쪽으로 운몽雲夢⑤의 풍요로움이 있다. 진陳은 초楚와
하夏의 사이⑥에 있고 어업과 염업의 재물이 통하므로 그곳의 백
성은 장사꾼이 많다. 서徐, 동僮, 추려取慮⑦는 백성이 청렴하면서
도 각박하고 자신과의 약속 지키는 것을⑧ 자랑으로 여겼다.

팽성彭城 동쪽은 동해東海, 오吳, 광릉廣陵인데 이곳이 동초東楚이
다.⑨ 그곳의 풍속은 서徐, 동僮과 비슷하다. 구유朐와 증繪⑩의 북쪽은

풍속이 제齊와 비슷하다. 절강浙江의 남쪽은 월越이다.

대저 오吳나라는 합려闔廬, 춘신군春申君, 왕비王濞 등 세 사람이 천하에 유람하기 좋아하는 자제들을 초청해 이르게 했다.

동쪽에는 바다에서 나는 소금의 풍족함과 장산章山의 구리가 있고 삼강三江(오송강吳淞江, 누강婁江, 동강東江)과 오호五湖의 이로운 것들이 있어서 또한 강동江東에 하나의 도회지가 되었다.

越楚①則有三俗 夫自淮北沛陳汝南南郡② 此西楚也 其俗剽輕 易發怒 地薄 寡於積聚 江陵故郢都③ 西通巫巴④ 東有雲夢⑤之饒 陳在楚夏之交⑥ 通魚鹽之貨 其民多賈 徐僮取慮⑦ 則清刻 矜己諾⑧ 彭城以東 東海 吳廣陵 此東楚也⑨ 其俗類徐僮 朐繒⑩以北 俗則齊 浙江南則越 夫吳自 闔廬春申王濞三人招致天下之喜游子弟 東有海鹽之饒 章山之銅 三江 五湖之利 亦江東一都會也

① 越楚월초

정의 월越나라가 오吳나라를 멸망시키고 곧 강회江淮의 이북을 소유했고, 초楚나라가 월越나라를 멸망시키고 겸하고 오吳와 월越나라 땅을 소유했다. 그러므로 '월초越楚'라고 말한 것이다.

越滅吳則有江淮以北 楚滅越兼有吳越之地 故言越楚也

② 沛陳汝南南郡패진여남남군

정의 패沛는 서주徐州의 패현沛縣이다. 진陳은 지금의 진주陳州이다. 여汝는 여주汝州이다. 남군南郡은 지금의 형주荊州이다. 패군沛郡으로부터 서쪽으로 형주에 이르러 서초西楚를 아우른 것을 말한다.

沛 徐州沛縣也 陳 今陳州也 汝 汝州也 南郡 今荊州也 言從沛郡西至荊州 竝西
楚也

③ 郢都영도

정의 형주荊州의 강릉현江陵縣은 옛날의 영郢이 되고 초나라의 도읍이다.
荊州江陵縣故爲郢 楚之都

④ 巫巴무파

정의 무군巫郡과 파군巴郡으로 강릉江陵의 서쪽에 있다.
巫郡巴郡 在江陵之西也

⑤ 雲夢운몽

집해 서광이 말했다. "화용華容에 있다."
徐廣曰 在華容

⑥ 楚夏之交초하지교

정의 하夏나라는 양성陽城에 도읍했다. 진陳나라의 남쪽은 곧 초나라
이고 서쪽에서 북쪽으로 이르면 곧 하夏라는 것을 말한 것이다. 그러므
로 "초하지교楚夏之交"라고 일렀다.
夏都陽城 言陳南則楚 西及北則夏 故云楚夏之交

⑦ 徐僮取慮서동추려

집해 서광이 말했다. "모두 하비下邳에 있다."
徐廣曰 皆在下邳

정의 取의 발음은 '추秋'이고 慮의 발음은 '려閭'이다. 서徐는 곧 서성徐城이고 옛 서국徐國이다. 동동僮과 추려取慮 두 현縣은 나란히 하비下邳에 있다. 지금의 사주泗州이다.

取音秋 慮音閭 徐卽徐城 故徐國也 僮取慮二縣竝在下邳 今泗州

⑧ 己諾기락

정의 앞 글자 己의 발음은 '기紀'이다.

上音紀

신주 낙낙諾은 약속을 지킨다는 의미이다.

⑨ 彭城以東~此東楚也팽성이동~차동초야

정의 팽성彭城은 서주徐州에서 다스리는 현이다. 동해군은 지금의 해주海州이다. 오吳는 소주蘇州이다. 광릉廣陵은 양주楊州이다. 서주 팽성으로부터 양주楊州를 거쳐 소주에 이르기까지 모두 동초東楚의 땅이 되는 것을 말한다.

彭城 徐州治縣也 東海郡 今海州也 吳 蘇州也 廣陵 楊州也 言從徐州彭城歷楊州至蘇州 竝東楚之地

⑩ 朐繒구증

정의 朐의 발음은 '구[其俱反]'이다. 현縣은 해주海州에 있다. 옛 증현繒縣은 기주沂州의 승현承縣에 있다. 두 현縣의 북쪽은 풍속이 제나라와 동일한 것을 말한다.

朐 其俱反 縣在海州 故繒縣在沂州之承縣 言二縣之北 風俗同於齊

형산衡山,① 구강九江,② 강남江南,③ 예장豫章,④ 장사長沙⑤ 등의 땅
을 남초南楚라고 한다. 그곳의 풍속은 서초西楚와 매우 비슷하다.
영郢은 뒤에 수춘壽春으로 옮겨졌으며⑥ 이곳이 또한 하나의 도회
지이다. 합비合肥는 강수江水와 회수淮水의 조수를 남북에서 받으
며⑦ 피혁과 절인 어물과 목재가 옮겨져서 모이는 곳이다. 민중閩
中과 간월干越의 풍속이 함께 섞여 있다. 그러므로 남초南楚 사람
들은 말을 잘하고 말의 꾸밈이 교묘해서 믿음이 적다.

강남江南은 지대가 낮고 습해서 남자들이 일찍 죽는다. 대나무와
목재가 많다. 예장豫章에서는 황금이 나오고⑧ 장사長沙에서는 납
과 주석이 나온다. 그러나 아주 적게⑨ 매장되어 소유하더라도 캐
는 비용⑩을 충당하기에 부족하다.

衡山 ①九江 ②江南 ③豫章 ④長沙 ⑤是南楚也 其俗大類西楚 郢之後徙壽
春⑥ 亦一都會也 而合肥受南北潮⑦ 皮革鮑木輸會也 與閩中干越雜俗
故南楚好辭 巧說少信 江南卑溼 丈夫早夭 多竹木 豫章出黃金⑧ 長沙
出連錫 然堇堇⑨物之所有 取之不足以更費⑩

① 衡山형산

집해 서광이 말했다. "도읍은 주邾이다. 주邾는 현縣이고 강하江夏에
속한다."

徐廣曰 都邾 邾 縣 屬江夏

정의 옛 주성邾城은 황주黃州 동남쪽 120리에 있다.

故邾城在(潭)〔黃〕州東南百二十里

② 九江구강

정의 구강九江은 군郡이고 도읍이 음릉陰陵이다. 음릉陰陵의 고성은 호주濠州 정원현定遠縣 서쪽 65리에 있다.

九江 郡 都陰陵 陰陵故城在濠州定遠縣西六十五里

③ 江南강남

집해 서광이 말했다. "고제高帝가 설치했다. 강남江南은 단양丹陽이며 진秦나라에서 설치해 장군鄣郡으로 삼았고 무제가 단양丹陽으로 이름을 고쳤다."

徐廣曰 高帝所置 江南者 丹陽也 秦置爲鄣郡 武帝改名丹陽

정의 살펴보니 서광의 설명이 잘못되었다. 진秦나라에서 장군鄣郡을 설치한 것은 호주湖州 장성현長城縣 서남쪽 80리에 있으며 장군의 고성이 이곳이다. 한나라에서 고쳐 단양군丹陽郡으로 삼았고 군郡을 완릉宛陵으로 옮겼으며 지금의 선주宣州 땅이다. 위에서 오吳 땅에 장산章山의 동銅이 있다고 말한 것은, 이는 동초東楚의 땅이 명백하다. 이것은 대강大江의 남쪽인 예장豫章, 장사長沙의 두 군郡이 남초南楚의 땅인 것을 말한 것일 뿐이다. 서광이나 배인은 강남의 단양군이 남초南楚에 속한다고 했는데, 잘못이 심한 것이다.

案 徐說非 秦置鄣郡在湖州長城縣西南八十里 鄣郡故城是也 漢改爲丹陽郡 徙郡宛陵 今宣州地也 上言吳有章山之銅 明是東楚之地 此言大江之南豫章長沙二郡 南楚之地耳 徐裴以爲江南丹陽郡屬南楚 誤之甚矣

④ 豫章예장

정의 지금의 홍주洪州이다.

今洪州也

⑤ 長沙장사

정의 지금의 담주潭州이다. 《십삼주지十三州志》에서 말한다. "만리사사
萬里沙祠가 있는데 서쪽으로 상주湘州로부터 동래東萊까지 만 리이다. 그
러므로 장사長沙라고 한다." 회남淮南의 형산衡山, 구강九江 두 군郡과 강
남江南의 예장豫章과 장사長沙 두 군이 아울러 초楚가 된다.

今潭州也 十三州志云 有萬里沙祠 而西自湘州至東萊萬里 故曰長沙也 淮南衡
山九江二郡及江南豫章長沙二郡 竝爲楚也

⑥ 郢之後徙壽春영지후사수춘

정의 초고열왕楚考烈王 22년 진陳으로부터 이사해 수춘壽春에 도읍하
고 이름을 영郢이라고 했다. 그러므로 "영지사수춘郢之徙壽春"이라 했다.

楚考烈王二十二年 自陳徙都壽春 號之曰郢 故言郢之徙壽春也

⑦ 合肥受南北潮합비수남북조

집해 서광이 말했다. "임회臨淮에 있다."

徐廣曰 在臨淮

정의 합비合肥는 현縣이고 여주廬州가 치소이다. 강수江水와 회수淮水
의 조潮는 남북이 함께 여주廬州에 이른다.

合肥 縣 廬州治也 言江淮之潮 南北俱至廬州也

⑧ 出黃金출황금

집해 서광이 말했다. "파양鄱陽에 있다."

徐廣曰 鄱陽有之

정의 《괄지지》에서 말한다. "강주江州 심양현潯陽縣에 황금산黃金山이 있고, 산에는 금金이 나온다."

括地志云 江州潯陽縣有黃金山 山出金

⑨ 菫菫근근

정의 菫의 발음은 '근謹'이다.

音謹

신주 근근菫菫은 '조금, 겨우'의 뜻이다.

⑩ 更費경비

집해 응소가 말했다. "菫은 소少이다. 경更은 상償이다. 금이 적고 적을 뿐이어서 취해도 사용할 만한 것이 못되어 비용을 생각하게 함을 말한다."

應劭曰 菫 少也 更 償也 言金少少耳 取之不足用 顧費用也

구의산九疑山①과 창오산蒼梧山의 남쪽에서 담이儋耳②까지는 그 풍속이 강남과 대체로 같아서 양월楊越의 풍속이 많다. 반우番禺③가 또한 그곳이 하나의 도회지이며 주기珠璣(진주), 물소 뿔, 대모瑇瑁, 과일, 갈포④가 모이는 곳이다.

영천潁川과 남양南陽은 하夏나라 사람들⑤이 살던 곳이다. 하夏나라 사람들의 정치는 충실하고 소박한 것을 높이어 마치 선왕의 유풍遺風이 있는 듯하다. 영천潁川의 백성은 인정이 두텁고 순하다. 진秦나라의 말세에는 조정의 명령에 따르지 않는 백성을 남양南陽으로 옮겼다. 남양의 서쪽은 무관武關과 운관鄖關⑥으로 통하고 동남쪽에는 한수漢水, 강수江水, 회수淮水가 접해있다. 완宛 땅이 또한 하나의 도회지이다. 백성의 풍속은 여러 가지가 섞여 있으며 일 만들기를 좋아해서 장사꾼이 많다. 그곳의 호협한 이들은 영천과 왕래하기 때문에 지금까지 '하인夏人'이라고 한다.

대저 천하의 사물이 적은 곳도 있고 많은 곳도 있다. 백성은 세간의 풍토대로 산동山東 지방에서는 바다에서 나는 소금을 먹고, 산서山西 지방에서는 암염巖鹽(석염石鹽)⑦을 먹으며, 영남嶺南과 사북沙北⑧ 지방에서는 곳곳에 소금이 나오는데, (풍토에 따라) 대체적으로 이러했다.

九疑①蒼梧以南至儋耳②者 與江南大同俗 而楊越多焉 番禺③亦其一都會也 珠璣犀瑇瑁果布④之湊 潁川南陽 夏人⑤之居也 夏人政尙忠朴 猶有先王之遺風 潁川敦愿 秦末世 遷不軌之民於南陽 南陽西通武關鄖關⑥ 東南受漢江淮 宛亦一都會也 俗雜好事 業多賈 其任俠 交通潁川 故至今謂之夏人 夫天下物所鮮所多 人民謠俗 山東食海鹽 山西食鹽鹵⑦領南沙北⑧固往往出鹽 大體如此矣

① 九疑구의

집해 서광이 말했다. "산이 영도현營道縣의 남쪽에 있다."

徐廣曰 山在營道縣南

② 儋耳담이

정의 지금은 담이儋耳가 바닷속에 있다. 광주廣州에서 남쪽으로 경사와의 거리가 7,000여 리이다. 영남嶺南은 담이의 땅까지를 말하며 강남과 더불어 풍속이 대체로 동일하고 양주楊州의 남쪽은 월越의 백성이 많다.

今儋州在海中 廣州南去京七千餘里 言嶺南至儋耳之地 與江南大同俗 而楊州之南 越民多焉

③ 番禺반우

정의 番禺의 발음은 '반우潘虞'이다. 지금의 광주廣州이다.

潘虞二音 今廣州

④ 果布과포

집해 위소가 말했다. "과果는 용안龍眼과 이지離支에 속함을 말한 것이다. 포布는 갈포葛布이다."

韋昭曰 果謂龍眼離支之屬 布葛布

⑤ 潁川南陽夏人영천남양하인

집해 서광이 말했다. "우禹는 양적陽翟에서 살았다."

徐廣曰 禹居陽翟

정의 우禹는 양성陽城에서 살았다. 영천潁川, 남양南陽은 모두 하夏나라 땅이다.

禹居陽城 潁川南陽皆夏地也

⑥ 武關陨關무관운관

서광이 말했다. "한중漢中을 살펴보니 다른 판본에는 '운隕'으로 되어 있다."

徐廣曰 案漢中 一作隕字

郇의 발음은 '운雲'이다.

郇音雲

무관武關은 상주商州에 있다. 《지리지》에는 완宛의 서쪽은 무관 武關과 통하고 운관隕關은 없다고 했다. 아마도 '운郇'은 마땅히 '순徇' 자 가 되어야 한다. 순수徇水의 위에 관關이 있고 금주金州의 순양현徇陽縣 이 있다. 서광이 살펴보니 한중이 이곳이다. 순徇은 또한 '순郇'으로도 되 어 있고 徇의 발음은 '운郇'과 발음이 서로 비슷하다.

武關在商州 地理志云宛西通武關 而無郇關 蓋郇當爲徇 徇水上有關 在金州徇
陽縣 徐案漢中 是也 徇 亦作郇 與郇相似也

⑦ 鹽鹵염로

서방의 염지鹽地를 이른다. 단단하고 또 짠데 곧 석염石鹽과 지염 池鹽이 나온다.

謂西方鹹地也 堅且鹹 卽出石鹽及池鹽

⑧ 沙北사북

지池와 한漢의 북쪽을 이른다.

謂池漢之北也

총괄해 보면 초楚와 월越의 땅은 토지가 넓은데 인구가 드물다. 쌀을 주식으로 하고 생선으로 국을 끓여 먹는다. 혹은 불을 놓아 풀을 태우고 물을 가두어 김을 매며[1] 과실, 벼,[2] 조개, 대합은 장사꾼을 기다리지 않아도 풍족하고[3] 토지의 형세는 먹을 것들이 풍부하여 먹지 못해 굶주리는 근심이 없다. 이 때문에 게으르고[4] 구차하게 살며 저축한 것들이 없어서[5] 가난한 자들이 많다. 이런 까닭으로 강수江水와 회수淮水의 남쪽에는 춥고 배고파하는 사람들이 없지만, 또한 1,000금을 가진 집도 없다.

總之 楚越之地 地廣人希 飯稻羹魚 或火耕而水耨[1] 果隋[2]蠃蛤 不待賈而足[3] 地埶饒食 無飢饉之患 以故呰窳[4]偷生 無積聚[5]而多貧 是故江淮以南 無凍餓之人 亦無千金之家

① 火耕而水耨화경이수누

집해 서광이 말했다. "耨의 발음은 '누[乃遘反]'이고, 풀을 없애는 것이다."

徐廣曰 乃遘反 除草也

정의 풀을 바람에 날리고 씨를 뿌리면 묘苗가 크게 자라고 풀은 작게 자라서 물을 대면 풀은 죽고 묘苗는 해침이 없게 되는 것을 말한다. 누耨는 풀을 없애는 것이다.

言風草下種 苗生大而草生小 以水灌之 則草死而苗無損也 耨 除草也

② 果隋과타

집해 서광이 말했다. "〈지리지〉에는 타隋가 '라蓏'로 되어 있다."

徐廣曰 地理志作蓏

뒷 글자 隋의 발음은 '돠[徒火反]'이다. 주석에 蓏의 발음은 '롸[郞果反]'이다.

下音徒火反 注蓏音郞果反

타수隋는 지금의 '타種'이고 발음도 동일한데, 상고에는 글자가 적었기 때문이다. 蠃의 발음은 '과[力和反]'이다. 과타果種는 볏단을 중첩시켜 속을 싼 것과 같은 것이다. 지금 초楚나라나 월越나라의 풍속에는 여전히 '과타裹種'라는 방언이 있다. 초나라와 월나라는 수향水鄕이어서 소라, 물고기, 자라가 풍족해 백성들이 캐거나 잡아 저장해 두는 것이 많고 볏단을 중첩시켜 속을 싸서 지져 먹는다. 반고班固는 과타裹種의 방언을 깨닫지 못하고 태사공서太史公書를 고쳐《지지地志》를 기술하며 이에 고쳐 '과라라합果蓏蠃蛤'이라고 했으니 태사공의 뜻이 아니고 반고가 잘못한 것이다.

隋 今爲種 音同 上古少字也 蠃 力和反 果種猶種疊包裹也 今楚越之俗尙有裹種之語 楚越水鄕 足螺魚鼈 民多採捕積聚 種疊包裹 煮而食之 班固不曉裹種之方言 脩太史公書述地志 乃改云 果蓏蠃蛤 非太史公意 班氏失之也

③ 不待賈而足부대고이족

賈의 발음은 '고古'이다. 초楚와 월越나라의 지세는 먹을 것이 풍요해서 다른 장사꾼들을 이용하지 않아도 스스로 풍족해 굶주리는 근심이 없다는 것을 말한다.

賈音古 言楚越地勢饒食 不用他賈而自足 無飢饉之患

④ 呰窳자유

서광이 말했다. "呰의 발음은 '자紫'이다. 자유呰窳는 구차하게 게으름에 빠진 것을 이른다." 살펴보니 응소는 "자呰는 약弱이다."라고 하고, 진작은 "유窳는 병病이다."라고 했다.

徐廣曰 音紫 呰窳 苟且墮嬾之謂也 駰案 應劭曰 呰 弱也 晉灼曰 窳 病也

색은 앞 글자 呰의 발음은 '자紫'이고 뒷 글자 窳의 발음은 '유庾'이다. 구차하게 게으른 것을 이르는 것이다. 응소가 말했다. "자呰는 약弱이다." 진작이 말했다. "유窳는 병病이다."

上音紫 下音庾 苟且懶惰之謂 應劭云 呰 弱也 晉灼曰 窳 病也

정의 살펴보니 고둥이나 조개 등의 물건을 먹는 것이다. 그러므로 나약하고 족병이 많다. 《회남자》에서 말한다. "옛날에 백성이 소라나 대합 등의 고기를 먹고 진독疹毒으로 근심이 많았다."

案 食螺蛤等物 故多羸弱而足病也 淮南子云 古者民食蠃蚌之肉 多疹毒之患也

⑤ 無積聚무적취

정의 강수와 회수의 이남에는 수족水族이 있는데 백성이 음식물을 아침저녁으로 넉넉하게 취해서 구차하게 사는 자가 많았음을 말한 것일 뿐이다. 적취積聚(저축)하지 않았다는 것은 곧 가난한 자가 많은 것이다.

言江淮以南有水族 民多食物 朝夕取給以偷生而已 不爲積聚 乃多貧也

제 三 장

부는 곧 권력이다

기수沂水와 사수泗水의 북쪽에는 다섯 가지의 곡식, 잠업, 방적업, 여섯 가지의 가축을 기르는 것에 알맞으나, 토지는 작고 인구는 많으며 자주 수재나 가뭄의 피해를 입어 백성이 저축하는 것을 좋아한다. 그러므로 진秦, 하夏, 양梁, 노魯 땅에서는 농사짓는 것을 즐겨 하고 백성을 중요하게 여긴다.

삼하三河, 완宛, 진陳에서도 또한 그러하나 상업에도 힘을 기울인다. 제齊나 조趙 땅에서는 교묘한 재주를 부려서 기회를 타고 이익을 얻는다. 연燕이나 대代에서는 농사와 목축을 주로 하고 양잠의 일도 한다.

이러한 것으로 말미암아 관찰해보면 어진 이가 궁 안에서 깊은 계책을 내고 조정에서 논의하면서 믿음을 지키고 절개에 죽거나 선비가 바위 동굴에 숨어 살면서 명성을 높이려 하는 것은 대체 무엇을 위한 것인가?

부유하고 귀하게 되기 위해서이다. 이 때문에 청렴한 관리로 오랫동안 지내게 되면 오래되어서는 더욱 부유해지고 청렴한 상인도 부유하게 된다.[①]

부유한 것은 사람의 정성情性이다. 배우지 않아도 함께 하고자 하는 것이다. 그러므로 장사壯士들이 군대에 있어 성을 공격할 때 선봉에 서서 진지를 함락해서 적을 물리쳐 장수를 참하고 깃발을 빼앗으며 앞에 서서 화살과 돌을 무릅쓰고 끓는 물이나 불을 피하지 않는 것은 후한 상이 그렇게 만들기 때문이다.

그 마을에 있는 소년들이 사납게 공격하고 강도가 되어 사람을 죽여서 묻고, 사람을 겁박하여 간사한 것을 만들고, 무덤을 도굴하고 위폐를 주조하며 협기 있는 사람들과 어깨를 나란히 하고, 패거리에게 힘을 빌려 원수를 갚으며 후미진 곳에서 물건을 빼앗고, 금지법을 피하지 않으면서 죽는 곳으로 달려서 빠져드는 것[2]도 그 실상은 모두가 재용財用 위한 것일 뿐이다.

沂泗水以北 宜五穀桑麻六畜 地小人衆 數被水旱之害 民好畜藏 故秦夏梁魯好農而重民 三河宛陳亦然 加以商賈 齊趙設智巧 仰機利 燕代田畜而事蠶 由此觀之 賢人深謀於廊廟 論議朝廷 守信死節隱居巖穴之士設爲名高者安歸乎 歸於富厚也 是以廉吏久 久更富 廉賈歸富[1] 富者 人之情性 所不學而俱欲者也 故壯士在軍 攻城先登 陷陣卻敵 斬將搴旗 前蒙矢石 不避湯火之難者 爲重賞使也 其在閭巷少年 攻剽椎埋劫人作姦 掘冢鑄幣 任俠幷兼 借交報仇 篡逐幽隱 不避法禁 走死地如鶩[2]者 其實皆爲財用耳

① 歸富귀부

집해 살펴보니 귀歸는 이로운 것을 취하여 재물을 저장하지 않는 것이다. 駰案 歸者 取利而不停貨也

② 騖무

집해 서광이 말했다. "무騖는 다른 판본에 '유流'로 되어 있다."

徐廣曰 騖 一作流

지금 대저 조趙나라의 딸이나 정鄭나라의 여인들이 몸치장하고 비스듬히 앉아서 거문고를 타며 긴 소매를 늘어뜨리고 이사利屣를 신고서① 눈짓하여 아양을 떨며② 남의 마음을 홀리며 1,000리가 멀다고 여기지 않고 나가 늙은이나 젊은이를 가리지 않는 것은 부유함을 불리기에 분주한 것이다. 놀기를 좋아하는 공자公子가 관과 칼을 꾸미고 수레와 기병들을 따르게 하는 것도 또한 부유하고 귀하게 되는 것을 위해서 꾸미는 것이다. 주살로 새를 쏘고 물고기를 잡고 사냥하며 새벽에 나가고 서리와 눈을 무릅쓰고 계곡을 달리며 맹수의 피해를 피하지 않는 것은 맛있는 것을 얻기 위한 것이다.

육박六博, 경마競馬, 투계鬪鷄, 주구走狗를 하면서 낯빛을 붉히고 뽐내며 반드시 승리를 다투는 것은 지면 중요한 돈을 잃기 때문이다. 의원의 처방이나 모든 음식을 만드는 기술자들도 노심초사하며 능력을 다하는 것은 양식을 중요하게 여기기 때문이다. 관리나 사士들이 문장을 교묘하게 해 법을 농락하고 도장이나 문서를 위조하여 칼이나 톱에 몸을 잘리는 것③을 피하지 않는 것도 뇌물에 빠졌기 때문이다. 농부, 공인工人, 상인이 저축하는 것도 진실로 부유함을 구하고 재화를 보태기 위함이다. 이것은 지혜를 다해 능히 찾는 것이 있을 뿐이며 끝까지 남는 힘을 다하고 재물을 사양하지 않는 것이다.

今夫趙女鄭姬 設形容 揳鳴琴 揄長袂 躡利屣^① 目挑^②心招 出不遠千里 不擇老少者 奔富厚也 游閑公子 飾冠劍 連車騎 亦爲富貴容也 弋射漁獵 犯晨夜 冒霜雪 馳阬谷 不避猛獸之害 爲得味也 博戲馳逐 鬪雞走狗 作色相矜 必爭勝者 重失負也 醫方諸食技術之人 焦神極能 爲重糈也 吏士舞文弄法 刻章僞書 不避刀鋸之誅^③者 沒於賂遺也 農工商賈畜長 固求富益貨也 此有知盡能索耳 終不餘力而讓財矣

① 揄長袂躡利屣유장몌섭리시

집해 서광이 말했다. "揄의 발음은 '유臾'이다. 섭躡은 다른 판본에는 '접跕'으로 되어 있다. 跕의 발음은 '텹[吐協反]'이다. 屣의 발음은 '시[山耳反]'이고 춤을 출 때 신는 신발이다."

徐廣曰 揄音臾 躡 一作跕 跕音吐協反 屣音山耳反 舞屣也

신주 이사利屣는 춤출 때 신는 신발로, 앞부분이 작고 뾰족하며 밑창이 얇다. 구슬과 꽃무늬 장식을 많이 했다.

② 挑조

정의 挑의 발음은 '조[田鳥反]'이다.

挑音田鳥反

③ 刀鋸之誅도거지주

신주 부월지주斧鉞之誅와 같다. 임금이 사신이나 장수에게 부신을 주고 생살生殺할 수 있는 권한을 부여한다는 의미에서 부월斧鉞(도끼)이나 도거刀鋸(칼이나 톱)를 하사했다. 따라서 도거부월刀鋸斧鉞은 중국 고대에 잔혹한 형벌을 행하는데, 썼던 4가지 형벌도구이다. 참고로 도刀는 할형割刑(칼로 베는 형벌), 거鋸는 월형刖刑(발꿈치를 자르는 형벌)을 가리키고, 정확鼎鑊, 탕확湯鑊, 확팽鑊烹은 팽형烹刑(삶아 죽이는 형벌)을 가리킨다.

속담에 말하기를 "100리 밖으로 나가 땔나무를 팔지 말라. 1,000리 밖에서 쌀을 팔지 말라."라고 했다. 그리고 "1년 계획을 세우려면 곡식을 심고, 10년 계획을 세우려면 나무를 심고, 100년 계획을 세우려면 덕으로써 사람들이 오게 하라."라고 했다. 덕이란 인물人物을 이르는 것이다. 지금 관직이 있어도 녹봉을 받은 일이 없고 작위와 받은 읍에서 수입이 없으나 즐거움은 이를 가진 자와 비견될 만한 자가 있는데, 명하여 '소봉素封①'이라고 이른다. 봉한다는 것은 봉지에서 세금을 걷어 먹는 것인데, 해마다 200전을 세율②로 한다. 1,000호를 봉한 군주③는 20만 전을 세금으로 걷는다. 조회에 들고 방문하고 조상에 제사하는 비용이 그 속에서 나온다.

서민인 농인農人이나 공인이나 상인은 대개 또한 1만 전에 이자가 2,000전④인데 100만 전의 재산이 있는 집안은 이자가 20만 전이 되어 요역과 조세를 대신하는 것들이 그 속에서 나온다. (이것으로) 먹고 입는 것을 좋아하고 아름다운 것을 멋대로 할 수 있다.

그러므로 이르기를 육지에서는 말 50필⑤을 사육하고, 소 166두⑥를 사육하고, 양 250두를 사육하고, 늪지대에서는 돼지 250두[7]를 사육하고, 물에서는 물고기 1,000석을 저수지에서[8] 기르고, 산에서는 재목 1,000장章[9]을 키운다고 하는 것이다.

諺曰 百里不販樵 千里不販糴 居之一歲 種之以穀 十歲 樹之以木 百歲 來之以德 德者 人物之謂也 今有無秩祿之奉 爵邑之入 而樂與之比者 命曰素封[1] 封者食租稅 歲率[2]戶二百 千戶之君[3]則二十萬 朝覲聘享出 其中 庶民農工商賈 率亦歲萬[4]息二千(戶) 百萬之家則二十萬 而更傜 租賦出其中 衣食之欲 恣所好美矣 故曰陸地牧馬二百蹄[5] 牛蹄角千[6] 千足羊 澤中千足彘[7] 水居千石魚陂[8] 山居千章之材[9]

① 素封소봉

[색은] 작읍爵邑에서의 수입이나 녹봉을 받는 것이 없는 것을 곧 '소봉素封'이라고 말한다. 소素는 공空이다.

謂無爵邑之入 祿秩之奉 則曰 素封 素 空也

[정의] 벼슬을 하지 않는 사람이 자신의 전원田園에서의 수확이 있어 봉양하는 데 넉넉하게 되었으니 그의 이익이 봉군封君에 견준다. 그러므로 '소봉素封'이라고 한다.

言不仕之人自有園田收養之給 其利比於封君 故曰素封也

② 率율

[정의] 率의 발음은 '율律'이다.

音律

③ 千戶之君천호지군

색은 1,000호戶의 읍邑에는 한 가구당 세율[戶率]이 200전이다. 그러므로 1,000호에는 20만 전이다.

千戶之邑 戶率二百 故千戶二十萬

④ 歲萬세만

색은 이자는 2,000전이다. 그러므로 100만의 가家도 또한 20만 전이다.

息二千 故百萬之家亦二十萬

⑤ 馬二百蹄마이백제

집해 《한서음의》에서 말한다. "50필이다."

漢書音義曰 五十匹

색은 살펴보니 말은 발이 4개가 있으니 200제蹄는 50필이 있는 것이다. 《한서》에는 곧 '마제교천馬蹄噭千'이라고 일렀으니 기록하는 바가 각각 달리했다.

案 馬有四足 二百蹄有五十匹也 漢書則云 馬蹄噭千 所記各異

⑥ 牛蹄角千우제각천

집해 《한서음의》에서 말한다. "167두이다. 말은 비싸고 소는 싸서 이로써 기준을 삼은 것이다."

漢書音義曰 百六十七頭也 馬貴而牛賤 以此爲率

색은 우족각천牛足角千이다. 살펴보니 말은 비싸고 소는 싸서 이로써 기준으로 삼는다면 소는 166두이고 기奇가 있는 것이다.

牛足角千 案 馬貴而牛賤 以此爲率 則牛有百六十六頭有奇也

⑦ 千足彘천족체

집해 위소가 말했다. "250두이다."

韋昭曰 二百五十頭

색은 위소가 말했다. "250두이다."

韋昭云 二百五十頭

⑧ 千石魚陂천석어피

집해 서광이 말했다. "어魚는 근량斤兩으로 계산을 한다."

徐廣曰 魚以斤兩爲計也

색은 陂의 발음은 '피詖'이다. 《한서》에는 '피皮'로 되어 있고 陂의 발음은 '피披'이다.

陂音詖 漢書作皮 音披

정의 피택陂澤에서 고기를 길러 1년에 수확으로 1,000석의 물고기를 수확해서 판매한 것이다.

言陂澤養魚 一歲收得千石魚賣也

⑨ 千章之材천장지재

집해 서광이 말했다. "재材는 다른 판본에는 '추楸'로 되어 있다." 살펴보니 위소는 "추목楸木은 수레의 끌채를 만드는 것이다. 楸의 발음은 '추楸'이다."라고 했다.

徐廣曰 一作楸 駰案 韋昭曰 楸木所以爲轅 音秋

색은 《한서》에는 '천장지추千章之萩'로 되어 있다. 萩의 발음은 '추秋'이다. 복건이 말했다. "장장은 사방四方이다." 여순이 말했다. "사방으로 큰 나무 1,000그루를 마음대로 할 만하다는 말로, 장장은 대재大材를 이

른다." 악산樂産이 말했다. "추萩는 가래나무이며 수레의 끌채를 만들 수
있다."

漢書作千章之萩 音秋 服虔云 章 方也 如淳云 言任方章者千枚 謂章 大材也 樂
産云 萩 梓木也 可以爲轅

안읍安邑에는 1,000그루의 대추나무, 연燕, 진秦에는 1,000그루의
밤나무, 촉蜀, 한漢, 강릉江陵에는 1,000그루의 귤나무, 회북淮北,
상산常山의 남쪽과 하수, 제수濟水의 사이에는 1,000그루의 개오
동나무, 진陳, 하夏에는 1,000묘畝의 옻나무, 제齊, 노魯에는 1,000
묘의 뽕나무와 삼[麻], 위천渭川에는 1,000묘의 대나무가 있고, 또
이름난 국가의 1만 호戶의 성과 성곽에 1,000묘가 두르고 있는데,
묘畝마다 6섬 4말[1]이 생산되는 밭, 1,000묘의 선지와 꼭두서니,[2]
1,000고랑의 생강과 부추밭[3] 중 (하나라도) 있다면, 이것은 그 사람
이 1,000호의 영지를 가진 후작과 동등한 것이다. 그러니 이것은
부富를 공급하는 자원이라 시장을 기웃거리지 않고, 다른 읍으로
가지 않고도 앉아서 수입을 기다리니, 자신은 처사處士의 의를 가
지면서도 넉넉하게 물자를 취하는 것이다.

安邑千樹棗 燕秦千樹栗 蜀漢江陵千樹橘 淮北常山已南 河濟之間千
樹萩 陳夏千畝漆 齊魯千畝桑麻 渭川千畝竹 及名國萬家之城 帶郭千
畝畝鍾[1]之田 若千畝巵茜[2] 千畦薑韭[3] 此其人皆與千戶侯等 然是富給
之資也 不窺市井 不行異邑 坐而待收 身有處士之義而取給焉

---

① 鍾종

서광이 말했다. "6곡斛 4두斗이다."

徐廣曰 六斛四斗也

곡斛은 열 말에 해당하는 용량으로 6곡斛 4두斗는 64말에 해당한다.

② 千畝巵茜천묘지천

서광이 말했다. "巵의 발음은 '지支'이고 선지鮮支(치자)이다. 茜의 발음은 '천倩'이고 일명 홍람紅藍이며 그 꽃으로 비단을 적황색으로 물들인다."

徐廣曰 巵音支 鮮支也 茜音倩 一名紅藍 其花染繒赤黃也

巵의 발음은 '지支'이고 선지鮮支이다. 茜의 발음은 '천倩'이고 일명 홍람화로, 비단을 적황색으로 물들인다.

巵音支 鮮支也 茜音倩 一名紅藍花 染繒赤黃也

③ 千畦薑韭천휴강구

서광이 말했다. "천휴千畦는 25묘畝이다." 살펴보니 위소가 말했다. "휴畦는 농롱隴과 같다."

徐廣曰 千畦 二十五畝 駰案 韋昭曰 畦猶隴

위소가 말했다. "날중埒中(지경)의 휴畦는 농롱隴과 같다. 50묘畝를 이른다." 유희劉熙가 말했다. "《맹자》의 주석에서 이르기를 '지금의 풍속은 25묘를 소휴小畦로 삼고, 50묘를 대휴大畦로 삼는다.'고 했다." 왕일王逸이 말했다. "휴畦는 구區와 같다."

韋昭云 埒中畦猶隴也 謂五十畝也 劉熙注孟子云 今俗以二十五畝爲小畦 五十

畎爲大畦 王逸云 畦猶區也

만약 지극히 집이 가난하며 부모는 늙고 처자들이 연약해서 명절에 조상에게 제사를 지낼 수 없어 친척들이 추렴을 내어서① 지내면서 음식이나 의복을 스스로 해결하는 것도 부족하기가 이와 같은데, 부끄럼이 없다면 견줄 곳이 없게 된다. 이 때문에 재물이 없으면 힘을 다하고 조금의 재물이 있으면 지모智謀로 다투고② 이미 풍요로우면 때를 다투는 것,③ 이것이 (돈을 늘리는) 큰길이다.

지금 삶을 사는데 자신을 위태하게 하지 않고 넉넉하게 취하려는 것은 현인들도 힘쓰는 것이다. 이런 까닭으로 농사를 지어 부富를 이루는 것을 최상으로 여기고, 상업으로 부富를 이루는 것을 다음으로 여기고, 간사한 것을 꾸며 부富를 이루는 것을 최하로 여긴다.

한편 석굴에 살며 기이한 선비의 행실도 없으면서 길이 가난하여 생활이 곤궁하고 비천한데, 인의仁義만 말하기를 좋아하는 자는 또한 족히 부끄러운 일이다.

若至家貧親老 妻子軟弱 歲時無以祭祀進醵① 飮食被服不足以自通 如此不慚恥 則無所比矣 是以無財作力 少有鬪智② 旣饒爭時③ 此其大經也 今治生不待危身取給 則賢人勉焉 是故本富爲上 末富次之 姦富最下 無巖處奇士之行 而長貧賤 好語仁義 亦足羞也

① 醵갹

집해 서광이 말했다. "추렴하여 모여서 먹는 것이다."

徐廣曰 會聚食

색은 釀의 발음은 '갹[渠略反]'이다.

音渠略反

② 鬪智투지

정의 조금의 돈과 재물이 있으면 지모를 다투어서 승리를 구한다는
말이다.

言少有錢財 則鬪智巧而求勝也

③ 饒爭時요쟁시

정의 이미 돈과 재물이 풍족하면 이에 때를 쫓아서 이로운 것을 다투
는 것이다.

旣饒足錢財 乃逐時爭利也

대개 일반 백성은 부유함이 서로 열 배가 되면 낮추어 아래에 하
고 100배가 되면 두려워하며 꺼리고, 1,000배가 되면 사역을 하고
1만 배가 되면 노복이 되는 것은 사물의 이치이다.

대개 가난 때문에 부富를 구하는데, 농부는 공인工人만 같지 못하
고, 공인工人은 상인商人만 같지 못하며, 수를 놓는 것은 저잣거리
의 상거래에 의지하는 것만 같지 못하다고 했다. 이 말은 말업未業
인 장사가 가난한 자의 자본이 되기 때문이다.

사통팔달四通八達의 큰 도회지는 한 해에 팔리는 것이 1,000독의 술,[①] 초와 육장 1,000옹기,[②] 음료수 1,000항아리,[③] 소, 양, 돼지 가죽 1,000장, 곡식을 내다 파는 것 1,000종,[④] 연료로 삼는 땔나무 1,000수레, 총길이 1,000장의 배,[⑤] 나무 1,000목재,[⑥] 대나무 1만 개,[⑦] 마차 100대,[⑧] 소가 끄는 수레 1,000량,[⑨]

凡編戶之民 富相什則卑下之 伯則畏憚之 千則役 萬則僕 物之理也 夫用貧求富 農不如工 工不如商 刺繡文不如倚市門 此言末業 貧者之資也 通邑大都 酤一歲千釀[①] 醯醬千瓨[②] 漿千甔[③] 屠牛羊彘千皮 販穀糶千鍾[④] 薪藁千車 船長千丈[⑤] 木千章[⑥] 竹竿萬个[⑦] 其軺車百乘[⑧] 牛車千兩[⑨]

① 酤一歲千釀고일세천양

정의 술 1,000동이이다. 고酤는 혜초醯醋이다. 술을 매매하는 것이다.

釀千瓮 酤醯醋(云)〔也〕酒酤

신주 혜초醯醋는 초로 인해서 맛이 시기 때문에 붙여진 이름이다. 즉 식초食醋를 말한다.

② 醯醬千瓨혜장천강

집해 서광이 말했다. "목이 긴 항아리이다."

徐廣曰 長頸罌

색은 초와 육장이 1,000부瓨(항아리)이다. 瓨의 발음은 '항[閑江反]'이다.

醯醢千瓨 閑江反

③ 漿千甔장천담

서광이 말했다. "대앵부大罌缶(큰 항아리)이다."

徐廣曰 大罌缶

장천담醬千㿡이다. 뒷글자 甀의 발음은 '담[都甘反]'이다. 《한서》에
는 '담儋'으로 되어 있다. 맹강이 말했다. "담儋은 석앵石罌(돌항아리)이다."
석앵石罌은 일석一石을 받는다. 그러므로 담석儋石이라고 이른다. 儋의 발
음은 '담[都濫反]'이다.

醬千㿡 下都甘反 漢書作儋 孟康曰 儋 石罌 石罌受一石 故云儋石 一音都濫反

④ 販穀糶千鍾판곡조천종

서광이 말했다. "곡식을 내는 것이다. 糶의 발음은 '도掉'이다."

徐廣曰 出穀也 糶音掉也

⑤ 船長千丈선장천장

살펴보니 쌓아 놓은 수량의 길이가 1,000장丈이다.

按 積數長千丈

⑥ 木千章목천장

《한서음의》에서 말한다. "홍동洪洞의 방고方稿이다. 장章은 재材
이다. 옛날의 장작대장將作大匠이 재목을 관장하는 것을 장조연章曹掾이
라고 했다."

漢書音義曰 洪洞方槀 章 材也 舊將作大匠掌材曰章曹掾

살펴보니 장작대장이 재목을 관장하는 것을 장조연章曹掾이라고
했다. 洪의 발음은 '홍[胡孔反]'이고 洞의 발음은 '동洞'이다. 또한 나란히
통상적인 음으로 읽는다.

案 將作大匠掌材曰章曹掾 洪 胡孔反 洞音動 又竝如字也

⑦ 竹竿萬个죽간만개

　집해　서광이 말했다. “个의 발음은 ‘가[古賀反]’이다.”

徐廣曰 古賀反

　색은　죽간만개竹干萬个이다. 《석명釋名》에서 말한다. “죽竹은 개箇라고 하고 목木은 매枚라고 한다.” 《방언》에서 말한다. “개个는 매枚이다.” 《의례》, 《예기》에는 글자를 ‘개个’로 했다. 또 〈공신표〉에는 “양근楊僅이 대 3만개三萬箇를 들였다.”라고 한다. 개箇와 개个는 고금古今의 글자이다.

竹干萬个 釋名云 竹曰箇 木曰枚 方言曰 个 枚也 儀禮禮記字爲个 又功臣表楊
僅入竹三萬箇 箇个古今字也

　정의　《석명》에서 말한다. “죽竹은 개个라 하고, 나무는 매枚라 한다.”

釋名云 竹曰个 木曰枚

⑧ 軺車百乘요거백승

　집해　서광이 말했다. “마차馬車이다.”

徐廣曰 馬車也

　정의　軺의 발음은 ‘요謠’이다. 《설문》에서 말한다. “요軺는 작은 수레 이다.”

軺音遙 說文云 軺 小車也

⑨ 牛車千兩우거천량

　정의　수레 1승乘은 1량兩이 된다. 《풍속통》에서 말한다. “거상車箱의 끌채와 바퀴가 둘둘이 짝을 해서 양兩이라고 일컫는다.”

車一乘爲一兩 風俗通云 箱轅及輪 兩兩而偶之 稱兩也

옻칠한 나무 그릇 1,000매枚,^① 구리그릇 30근,^② 소기素器와 쇠그릇에 담은 붉은 색깔의 염료 1,000석石,^③ 말 200필,^④ 소 250마리, 양과 돼지 2,000마리, 노비 1,000명,^⑤ 힘줄과 뿔과 단사 1,000근, 그 비단과 솜과 가는 베 1,000균鈞, 문채 있는 비단 1,000필, 탑포楊布와 피혁皮革 1,000석石,^⑥ 옻칠 1,000말[斗].^⑦

木器髹者千枚^① 銅器千鈞^② 素木鐵器若巵茜千石^③ 馬蹄躈千^④ 牛千足 羊彘千雙 僮手指千^⑤ 筋角丹沙千斤 其帛絮細布千鈞 文采千匹 楊布皮革千石^⑥ 漆千斗^⑦

---

① 木器髹者千枚목기휴자천매

집해 서광이 말했다. "髹의 발음은 '휴休'이고 옻칠을 한 것이다."

徐廣曰 髹音休 漆也

색은 휴髹는 1,000이다. 앞 글자 髹의 발음은 '휴休'이고 옻칠을 한 것을 이른다. 천千은 천매千枚를 이른다.

髹者千 上音休 謂漆也 千謂千枚也

정의 안顔이 말했다. "옻칠을 한 물건을 휴髹라고 이른다. 또 髹의 발음은 '호[許昭反]'이다." 지금 관동의 풍속에는 기물을 한두 번 옻칠을 한 것은 '초칠稍漆'이라고 이르다가 곧 휴성髹聲으로 옮겨졌을 뿐이다. 지금 관서의 속담에 '검게 옻칠한 쟁반이다.', '붉게 옻칠한 쟁반이다.'라고 이르는데, 두 가지의 뜻이 나란히 통한다.

顔云 以漆物謂之髤 又音許昭反 今關東俗器物一再漆者謂之稍漆 卽髤聲之轉
耳 今關西俗云黑髤盤 朱〔髤盤〕 兩義竝通

② 銅器千鈞동기천균

집해 서광이 말했다. "30근이다."

徐廣曰 三十斤

③ 素木鐵器若巵茜千石소목철기약지천천석

집해 서광이 말했다. "120근이 석石이 된다." 살펴보니 《한서음의》에
서 말한다. "소목素木은 소기素器이다."

徐廣曰 百二十斤爲石 駰案 漢書音義曰 素木 素器也

신주 소목素木은 옻칠하지 않은 흰 색깔의 나무 그릇이나 접시, 치巵
는 연지臙脂의 원료가 되는 풀, 천茜은 빨간 물감의 원료가 되는 풀을 말
한다.

④ 蹻千교천

집해 서광이 말했다. "蹻의 발음은 '고[苦弔反]'이고 말[馬]의 팔료八膠이
다. 膠의 발음은 '료料'이다."

徐廣曰 蹻音苦弔反 馬八膠也 音料

색은 서광이 말했다. "蹻의 발음은 '교蹻'이고 말의 팔료八膠이다. 膠의
발음은 '료料'이다." 《비창埤倉》에서 말한다. "고골尻骨을 팔료八膠라고 이
르고 일설에는 야제夜蹄라고 한다." 소안小顏이 말했다. "교蹻는 구口이
다. 제蹄와 구口가 함께 1,000이면 200필이 된다." 고윤顧胤 같은 이는 곧
이르기를 "위의 문장에서 말 200제蹄는 천승千乘의 집안과 견준다고 했

는데, 역시 200제를 수용하지 못한다. 곧 교제蹻는 구규九竅를 이르는 것으로 네 발굽을 통합해서 13이 되어야 말 한 마리가 이루어진다. 이른바 '살아 있는 무리는 13이다.[生之徒十有三]'라고 한 것이 이것이니, 총 76필의 말이다." 살펴보니 또한 천호후와 비교해서 많다고 했는데, 곧 그 기록된 곳을 알 수가 없다.

徐廣音苦弔反 馬八膠也 音料 埤倉云 尻骨謂八膠 一曰夜蹄 小顔云 噭 口也 蹄
與口共千 則爲二百匹 若顧胤則云 上文馬二百蹄 比千乘之家 不容亦二百 則
蹻謂九竅 通四蹄爲十三而成一馬 所謂生之徒十有三是也 凡七十六匹馬 案 亦
多於千戶侯比 則不知其所

신주 제蹄는 발굽이다. 교蹻는 말의 항문으로 고대에는 말의 수를 헤아리는 단위로 썼다. 말은 발굽이 4개, 항문이 하나이기 때문에 마제교천馬蹄蹻千은 200마리의 말이 된다. 서광은 교蹻를 팔료八膠라고 말했고, 소안은 말의 입이라고 했다. 팔료八膠는 척추 끝의 쐐기형 삼각골을 말하고, 교蹻는 입을 뜻하기도 해서 모두 뜻은 통하나, 통상 말의 수를 헤아릴 때는 항문의 수에 따랐기 때문에 항문의 의미로 보는 것이 옳다.

⑤ 僮手指千동수지천

집해 《한서음의》에서 말한다. "동僮은 노비奴婢이다. 옛날에는 빈손으로 노는 날이 없이 모두가 일을 했는데, 일을 할 때 손가락을 사용했다. 그러므로 '수지手指'라고 해서 말, 소의 말굽과 뿔을 구별한 것이다."
漢書音義曰 僮 奴婢也 古者無空手游日 皆有作務 作務須手指 故曰手指 以別
馬牛蹄角也

⑥ 榻布皮革千石탑포피혁천석

집해 서광이 말했다. "榻의 발음은 '탑[吐合反]'이다." 살펴보니 《한서음의》에서 말한다. "탑포楊布는 백첩白疊이다."

徐廣曰 楊音吐合反 駰案 漢書音義曰 楊布 白疊也

색은 답포荅布이다. 집해 주석에서 荅의 발음은 '탑[吐合反]'이다. 대안大顏이 말했다. "榻의 발음은 '탑[吐盍反]'이다." 살펴보니 거칠고 두꺼운 베로 피혁皮革과 같아서 석石으로 저울에 다는데, 백첩포白疊布가 아니다. 《오록》에서 말한다. "구진군九眞郡에 포布가 있는데 이름을 백첩白疊이라고 한다." 《광지》에서 말한다. "첩疊은 모직毛織이다."

荅布 注音吐合反 大顏音吐盍反 案 以爲麤厚之布 與皮革同以石而秤 非白疊布也 吳錄云 有九眞郡布 名曰白疊 廣志云 疊 毛織也

정의 안사고가 말했다. "거칠고 두꺼운 베이다. 그 가격이 싸기 때문에 피혁과 무게 단위를 같이 할 뿐이지 백첩白疊이 아니다. 답荅은 두터운 모양이다." 살펴보니 백첩白疊은 목면으로 짠 것인데 중국에 있는 것이 아니다.

顏師古曰 麤厚之布也 其價賤 故與皮革同重耳 非白疊也 荅者 厚之貌也 案 白疊 木綿所織 非中國有也

⑦ 漆千斗칠천두

색은 《한서》에는 "칠대두漆大斗"로 되어 있다. 살펴보니 대두大斗라고 이른 것은 대량大量이다. 1,000두斗에 가득한 량을 말하는 것이니 곧 지금의 천통千桶이다.

漢書作漆大斗 案 謂大斗 大量也 言滿量千斗 卽今之千桶也

누룩과 된장 1,000홉,[1] 복어와 갈치[2] 1,000근, 작은 물고기 1,000섬, 절인 생선 1,000균,[3] 대추와 밤 1,000섬의 세 갑절[4] 여우와 담비[5] 갖옷 1,000피, 염소 갖옷 1,000석石,[6] 털방석 1,000구, 과일과 야채 1,000종[7] 가량이다.

糱麴鹽豉千荅[1] 鮐鮆[2]千斤 鮿千石 鮑千鈞[3] 棗栗千石者三之[4] 狐貂[5] 裘千皮 羔羊裘千石[6] 旃席千具 佗果菜千鍾[7]

① 糱麴鹽豉千荅얼국염시천이

집해 서광이 말했다. "이荅는 혹은 '이台'로 되어 있고, 그릇의 이름으로 이瓵가 있다." 손숙연孫叔然이 일렀다. "이瓵는 질그릇이고 1말 6되를 받아 담는 것이 적합해야 이瓵가 된다." 荅의 발음은 '이貽'이다."

徐廣曰 或作台 器名有瓵 孫叔然云 瓵 瓦器 受斗六升合爲瓵 音貽

색은 염시천개鹽豉千蓋이다. 荅의 발음은 '이貽'이다. 손염孫炎이 말했다. "《설문》에 이르기를 이瓵는 질그릇이고 1말 6되를 받는다." 여기서 '개蓋'로 풀이한 것은 잘못된 것이다. 살펴보니 《상서대전》에는 '문피천흡文皮千合'이라고 했는데 수량을 흡合이라고 일렀다. 《삼창三倉》에 "타櫙는 소금이나 두시를 담는 그릇이다. 櫙의 발음은 '톼[他果反]'이다."라고 한즉 개蓋는 혹은 타櫙의 다른 이름일 뿐이다.

鹽豉千蓋 下音貽 〔孫〕炎(反)說(文)云 瓵 瓦器 受斗六合 以解此蓋 非也 案 尚書大傳云 文皮千合 則數兩謂之合也 三倉云 櫙 盛鹽豉器 音他果反 則蓋或櫙之異名耳

② 鮐鮆태제

집해 《한서음의》에서 말한다. "鮆의 발음은 초나라 사람이 '제齊'를 말하는 것과 같아서 '제어鮆魚'와 '태어鮐魚'라고 한다."

漢書音義曰 音如楚人言薺 鮆魚與鮐魚也

색은 《설문》에서 말한다. "태鮐는 바다 고기이다. 鮐의 발음은 '태胎'이다. 제어鮆魚는 마시기만 하고 먹지 않는 도어刀魚(갈치)이다."《이아》에는 열어鮤魚라고 일렀다. 鮆의 발음은 '지[才爾反]' 또는 '제薺'이다.

說文云 鮐 海魚 音胎 鮆魚 飲而不食 刀魚也 爾雅謂之鮤魚也 鮆音才爾反 又音薺

정의 鮐의 발음은 '대臺' 또는 '이貽'이다. 《설문》에서 말한다. "태鮐는 해어海魚이다." 鮆의 발음은 '제[齊禮反]'이다. 도어刀魚이다.

鮐音臺 又音貽 說文云鮐 海魚也 鮆音齊禮反 刀魚也

③ 鰼千石鮑千鈞추천석포천균

집해 서광이 말했다. "鰼의 발음은 '첩輒'인데 박어鱐魚이다."

徐廣曰 鰼音輒 鱐魚也

색은 鰼의 발음은 '첩輒' 또는 '주[昨苟反]'이다. 추鰼는 소어小魚이다. 鮑의 발음은 '포抱' 또는 '보[步飽反]'인데, 지금의 추어鰼魚이다. 鱐의 발음은 '박[鋪博反]'이다. 살펴보니 포鮑를 쪼개되 서로 떨어지지 않게 하는 것을 박鱐이라고 이르고 물고기가 절여 있는 것을 포鮑라고 이른다. 《성류聲類》와 《운집韻集》에서 비록 이것을 해설해 놓았으나 추생鰼生의 글자가 나타난 것이 이곳과 동일하다. 살펴보니 추鰼는 소잡어小雜魚이다.

鰼音輒 一音昨苟反 鰼 小魚也 鮑音抱 步飽反 今之鰼魚也 鱐音鋪博反 案 破鮑不相離謂之鱐 (兒)〔魚〕漬云鮑 聲類及韻集雖爲此解 而鰼生之字見與此同 案 鰼者 小雜魚也

정의 鮿의 발음은 '주[族苟反]'이고 소잡어小雜魚를 이른다. 포鮑는 흰 것
이다. 그러나 복어와 갈치는 근斤으로 논하고 포추鮑鮿는 천균千鈞으로
논하니, 이에 그 9배가 많은 것이다. 그러므로 복어는 큰 것이 좋은 것이
고 추포鮿鮑는 잡된 것임을 알게 한다. 서광이 말했다. "추鮿는 박어膊魚
이다." 膊의 발음은 '박[竝各反]'이다. 중간을 쪼개서 머리와 꼬리가 서로
떨어지지 않은 것이 포鮑라고 일렀는데, 박관膊關이라고도 이른다. 이것
은 또한 대어大魚로 만든다.

鮿音族苟反 謂雜小魚也 鮑 白也 然鮐鮆以斤論 鮑鮿以千鈞論 乃其九倍多 故
知鮐是大好者 鮿鮑是雜者也 徐云鮿 膊魚也 膊 竝各反 謂破開中頭尾不相離
爲鮑 謂之膊關者也 此亦大魚爲之也

④ 棗栗千石者三之조율천석자삼지

색은 살펴보니 삼지三之는 3,000석이다. 필삼지必三之는 유형을 위의
문장에서 취했기 때문이다. 대추와 밤은 값이 싼 것이다. 그러므로 삼지
三之라고 했으니 3,000석이 되는 것이다.

案 三之者 三千石也 必三之者 取類上文故也 以棗栗賤 故三之爲三千石也

정의 3,000석을 이른다. 대추와 밤은 3,000석으로 위의 물건들과 서로
동등함을 말한 것이다.

謂三千石也 言棗栗三千石乃與上物相等

⑤ 狐鼦호초

색은 뒷 글자 鼦의 발음은 '조調'이다.

下音雕也

정의 鼦의 발음은 '조彫'이다.

音彫

신주 여우 가죽과 담비 가죽이다.

⑥ 羔羊裘千石고양구천석

색은 고양羔羊 1,000석石이다. 가죽을 저울에 달아 무게가 1,000석이
되는 것을 이른다.

羔羊千石 謂秤皮重千石

⑦ 果菜千鍾과채천종

색은 과채천종果菜千種이다. 천종千種은 많다는 것을 말한다.

果菜千種 千種者 言其多也

정의 종鍾은 6곡六斛 4두四斗이다. 과채果菜는 잡과채雜果菜를 이른 것
이며 산과 들에서 채취한다.

鍾 六斛四斗 果菜謂雜果菜 於山野采取之

돈 1,000꾸러미를 자금으로 시장에서 이자를 놓는데,[①] 거간꾼에
게 조절하게 했다.[②] 욕심 많은 상인은 10분의 3을 이익으로 취하
고 청렴한 상인은 10분의 5를 이익으로 취했으니,[③] 이런 것들 역
시 천승의 왕에 비할 수 있는 대체적인 정황이다.[④] 기타 잡일에서
도 10분의 2를 이윤을 남기지 못하면 돈을 번다고 할 수 없다.[⑤]
청컨대 대략으로 당세의 1,000리 안에서 현인賢人 중 부유하게 된
까닭을 말하여 후세들에게 잘 가려 살펴보도록 한 것이다.

子貸①金錢千貫 節駔會② 貪賈三之 廉賈五之③ 此亦比千乘之家 其大
率④也 佗雜業不中什二 則非吾財也⑤ 請略道當世千里之中 賢人所以
富者 令後世得以觀擇焉

① 子貸자대

색은 살펴보니 자子는 이식利息(이자)을 이른다. 貸의 발음은 '태[土代反]'
이다.

案 子謂利息也 貸音土代反

신주 돈을 빌려 주고 이자를 받는 것이다.

② 節駔會절장쾌

집해 서광이 말했다. "駔의 발음은 '장[祖朗反]'이고 마쾌馬儈(말 거간꾼)이
다." 살펴보니 《한서음의》에서 말한다. "쾌會는 또한 이 '쾌儈'이다." 절節
은 사물이 비싸고 싼 것을 조절하는 것이다. 고쾌估儈는 그의 남는 이익
이 천승千乘의 집안에 견주었다고 이른 것이다.

徐廣曰 駔音祖朗反 馬儈也 駰案 漢書音義曰 會亦是儈也 節 節物貴賤也 謂估
儈其餘利比千乘之家

색은 살펴보니 절節은 비싸고 싼 것을 조절하는 것이다. 駔의 옛 발음
은 '장[祖朗反]'이다. 지금 駔의 발음은 '롱驤'이다. 장駔은 소와 말의 시장
을 헤아리는 것으로, 장쾌駔儈는 시장에서 교역하는 것을 이르며 駔의
발음은 '괴[古外反]'이다. 《회남자》에서 말한다. "단간목段干木은 진국晉國
의 대장大駔이다." 《회남자》 주석에서 "간목干木은 시장을 헤아리는 우
두머리이다."라고 한다.

案 節者 節貴賤也 駔 舊音祖朗反 今音駑 駔者 度牛馬市 云駔儈者 合市也 音
古外反 淮南子云 段干木 晉國之大駔 注云 干木 度市之魁也

③ 貪賈三之 廉賈五之탐고삼지 염고오지

집해 《한서음의》에서 말한다. "탐욕스러운 장사치는 마땅히 팔지 않
아야 할 때 팔고 살만한 때가 아닌데 산다. 그러므로 이익을 얻는 것이
적어 10에서 3을 얻는다. 청렴한 장사치는 비싸지면 팔고, 값이 쌀 때 사
들인다. 그러므로 10에서 5의 이익을 얻는다."

漢書音義曰 貪賈未當賣而賣 未可買而買 故得利少 而十得三 廉賈貴而賣 賤
乃買 故十得五

④ 率율

정의 率의 발음은 '율律'이다.

率音律

⑤ 不中什二則非吾財也부중십이즉비오재야

정의 사나운 사업이 섞이어 10분分 중 2분의 이익을 얻지 못하면 세상
의 훌륭한 재물이 아니라는 말이다.

言雜惡業 而不在什分中得二分之利者 非世之美財也

촉蜀 땅 탁씨卓氏의 선조①는 조趙나라 사람이었는데 철로써 풀무질해서 부유하게 되었다. 진秦나라에서 조趙나라를 무너뜨리고 탁씨를 촉으로 이주해 살게 했다. 탁씨는 포로가 되어 재물을 약탈당하고, 외로이 부부는 손수레를 끌고 밀며 이주하라는 곳으로 가서 이르게 된 것이다. 여러 옮겨가는 포로 중 조금의 남은 재물이 있으면 다투어서 관리들을 매수하고 가까운 곳으로 가기를 구해서 가맹葭萌②에서 자리를 잡았다. 다만 탁씨만은 이렇게 말했다.

"이곳 가맹은 땅이 좁고 척박하다. 내 듣자니 민산汶山의 아래③에는 기름진 들이 있고 그 밑에는 준치蹲鴟(토란)④가 난다고 했다. 그곳은 죽을 때까지 굶주리지 않을 것이다. 백성은 시장 일에 솜씨가 있어 장사하기가 쉬울 것이다."

이에 멀리 옮겨가기를 요구했다. 임공臨邛에 이르자 크게 기뻐하고 곧 철산鐵山으로 들어가 쇠를 두드리고 철기를 주조하고 팔 계책을 세워 운용했다.⑤ 이에 전滇과 촉蜀⑥의 백성이 우러러 사모할 정도로 부유해져서 노복을 1,000명⑦이나 거느리게 되었다. 전답과 연못에서 사냥하고 고기 잡는 즐거움이 군주에 견주었다.

蜀卓氏之先① 趙人也 用鐵冶富 秦破趙 遷卓氏 卓氏見虜略 獨夫妻推輦 行詣遷處 諸遷虜少有餘財 爭與吏 求近處 處葭萌② 唯卓氏曰 此地狹薄 吾聞汶山之下③ 沃野 下有蹲鴟④ 至死不飢 民工於市 易賈 乃求遠遷 致之臨邛 大喜 卽鐵山鼓鑄 運籌⑤策 傾滇蜀⑥之民 富至僮千人⑦ 田池射獵之樂 擬於人君

① 蜀卓氏之先촉탁씨지선

서광이 말했다. "탁卓은 다른 판본에는 '요淖'로 되어 있다."

徐廣曰 卓 一作淖

위에 주석에서 "탁卓은 다른 판본에는 '요淖'로 되어 있다."
라고 했다. 卓과 淖의 발음은 모두 '착斲' 또는 '요鬧'이다. 淖의 발음은
또한 '이뇨泥淖'의 '뇨淖'이고, 또한 성姓이다. 옛 제齊나라에는 요치淖齒
가 있었고 한漢나라에도 요개淖蓋가 있는데, 탁씨卓氏와 더불어 동성출
신同姓出身이다. 혹은 卓의 발음은 '요淖'와 같다.

注 卓 一作淖 竝音斲 一音鬧 淖亦音泥淖 亦是姓 故齊有淖齒 漢有淖蓋 與卓氏
同出 或以同音淖也

② 葭萌가맹

서광이 말했다. "광한廣漢에 속한다."

徐廣曰 屬廣漢

가맹葭萌은 지금의 이주利州의 현縣이다.

葭萌 今利州縣也

③ 汶山之下민산지하

민산 아래이다. 앞 글자 汶의 발음은 '민嵋'이다.

汶山下 上音嵋也

汶의 발음은 '민珉'이다.

汶音珉

④ 蹲鴟준치

서광이 말했다. "옛날의 '준蹲'은 '준踆'으로 되어 있다." 살펴보니

《한서음의》에서 말한다. "수향水鄕에는 올빼미가 많고 그 산 아래에는 기름진 들에 관개하고 있다. 일설에는 대우大芋라고 한다."

徐廣曰 古蹲字作踆 駰案 漢書音義曰 水鄕多鴝 其山下有沃野灌漑 一曰大芋

[정의] 준치蹲鴟는 우芋(토란)이다. 공주邛州 임공현臨邛縣은 그 땅이 기름지고 또 비옥하며 평야에는 대우大芋 등이 있다. 《화양국지》에서 말한다. "민산군汶山郡 도안현都安縣에 대우大芋가 있는데 준치蹲鴟와 같다."

蹲鴟 芋也 言邛州臨邛縣其地肥又沃 平野有大芋等也 華陽國志云汶山郡都安縣有大芋如蹲鴟也

⑤ 運籌운주

[색은] 《한서》에는 '운주이가전運籌以賈滇'이라고 한다.

漢書云 運籌以賈滇

[신주] 여러 가지의 계책을 짜서 세운다는 뜻이다.

⑥ 滇蜀전촉

[정의] 전滇은 다른 판본에 '저沮'로 되어 있다."라고 했다. 《한서》에는 또한 "전촉滇蜀"으로 되어 있다. 지금의 익주군益州郡에는 촉주蜀州가 있다. 또한 옛 이름과 한강漢江을 따라서 이름을 삼았다. 강江은 익주益州에 있는데, 남쪽의 도강導江으로 흘러 들어가니 한중漢中의 한강漢江이 아니다.

滇 一作沮 漢書亦作滇(池)〔蜀〕 今益州郡有蜀州 亦因舊名及漢江爲名 江在益州 南入導江 非漢中之漢江也

⑦ 僮千人동천인

漢書及相如列傳 竝云八百人也

정정程鄭은 산동에서 옮겨온 포로였다. 또한 쇠를 녹여 물건을 만들어 머리를 몽치 모양의 상투를 틀어 올린 백성[1]에게 장사를 했다. 부유함이 탁씨와 비슷했으며[2] 함께 임공에서 살았다.

완宛 땅의 공씨孔氏의 선조는 양梁나라 사람이다. 철광에서 철로써 풀무질하는 것을 업으로 삼았다.

진秦나라에서 위魏나라를 정벌하자 공씨孔氏를 남양으로 옮겨 살게 했다. 이때 쇠를 두드리고 주조하는 사업을 크게 했다. 큰 못(저수지)을 보유하고 수레와 기병들이 뒤따르게 하며 제후들과 놀았다. 이에 의지해서 통상通商의 이익을 얻어서 유한공자游閑公子(빈들빈들 노는 공자)[3]라는 이름을 하사받았다. 그러나 그 이익으로 얻은 것이 선물로 충당한 비용을 넘어 잗달고 인색한 장사[4]보다 나아 집안에 부를 이룬 것이 수천 금에 이르렀다. 그러므로 남양의 행상들은 공씨孔氏의 점잖고 온화하게 돈 버는 방법을 본받았다.

程鄭 山東遷虜也 亦冶鑄 賈椎髻之民[1] 富埒[2]卓氏 俱居臨邛 宛孔氏之先 梁人也 用鐵冶爲業 秦伐魏 遷孔氏南陽 大鼓鑄 規陂池 連車騎 游諸侯 因通商賈之利 有游閑公子[3]之賜與名 然其贏得過當 愈於纖嗇[4] 家致富數千金 故南陽行賈盡法孔氏之雍容

① 椎髻之民추계지민

[색은] 추결魋結한 사람이다. 앞 글자 魋結의 발음은 '추계椎髻'이다. 장사꾼이 남월로 통하는 것을 이른다.

魋結之人 上音椎髻 謂通賈南越也

② 埒날

[색은] 날埒은 이웃의 경계이고 이웃과 서로 차례 하는 것을 말한다.

埒者 鄰畔 言鄰相次

③ 游閑公子유한공자

[집해] 위소가 말했다. "하는 일이 없이 한가한 것이다."

韋昭曰 優游閑暇也

[색은] 유한공자에게 주는 것을 통해서 그의 이름을 얻은 것을 이른다.

謂通賜與於游閑公子 得其名

④ 纖嗇섬색

[색은] 공씨孔氏는 제후의 공자公子에게 자금을 대주어 이미 선물을 잘 주는 것으로 명성을 얻었으나, 또 그 얻은 이익이 (선물한) 자금보다 많이 받았음을 말한 것이다. 그러므로 '과당過當'이라고 일렀으며, 이에 잗달고 인색한 장사보다 나았다. 섬纖은 세細이다. 《방언》에서 말한다. "섬纖은 소小(작다)이고 유愈는 승勝(낫다)이다."

謂孔氏以資給諸侯公子 旣已得賜與之名 又蒙其所得之贏過於本資 故云過當 乃勝於細碎儉嗇之賈也 纖 細也 方言云 纖 小也 愈 勝也

[정의] 嗇의 발음은 '색色'이다. 색嗇은 인吝(인색하다)이다. 공씨孔氏는 수레와 기마를 이어 따르게 하고, 제후들과 교유하면서 자금을 대고 아울

러 장사하는 이익에 이르게 해서, 이에 유한공자라는 사교의 명성을 얻었으나 그가 남긴 이익을 통틀어 계산해 보면 자금을 대준 것이 선물하는 것에 충당한 비용보다 많았으니, 오히려 교유하는 공자들에게 있어 온화하고 점잖게 대했다. 그래서 아끼고 인색하게 한 것보다 나았다고 말한 것이다.

音色 嗇 吝也 言孔氏連車騎 游於諸侯 以資給之 兼通商賈之利 乃得游閑公子交名 然其通計贏利 過於所資給餉遺之當 猶有交游公子雍容 而勝於慳悋也

노魯나라 사람은 본래의 습속이 검소하고 아꼈는데, 조曹 땅의 병씨邴氏[①]는 더욱 심했다. 철을 풀무질하는 것[②]으로써 시작해 거만금의 부富에 이르렀다. 그런데도 집안에서 스스로 부형이나 자손들에게 절약을 가르쳐 '엎드리면 물건을 줍고 일어나면 물건을 취해야 한다.'라고 했다. 행상하면서 군국을 두루 돌아다니며 돈을 빌리고 빌려주었는데, 추鄒와 노魯나라에서는 이런 연고 때문에 문학을 버리고 이익을 따르는 자가 많아졌으니, 이는 조曹 땅의 병씨邴氏의 영향 때문이다.

제나라의 풍속에는 노예들을 천하게 여겼는데, 조한刀閑[③]만은 유독 아끼고 귀중하게 대했다.

교활한 노예는 사람들이 꺼리는 바인데도 오직 조한은 거두어 취해서 생선이나 소금을 판매하는 장사를 시켜서 돈을 벌게 했다. 어떤 때 수레와 기마를 거느리고 태수太守나 재상宰相들과도 교제했지만, 노예들을 더욱더 신임했다. 마침내는 그들의 힘을 얻어서 부유함이 수천만 금을 일으켰다. 그러므로 이르기를 '편안하게 벼슬을 할 것이냐! 아니면 조씨의 노예가 될 것이냐!'[④]라고 했다. 그것은 그가 능히 호협한 노예들을 부려서 스스로 풍요롭게 되고 그들의 힘을 다하게 하는 것을 말한 것이다. 주周나라의 사람들은 이전부터 검소하고 인색했는데[⑤] 그중에서도 사사師史[⑥]는 더욱 심했다. 수백 대의 수레를 굴려서 군국郡國에 장사하러 가지 않는 곳이 없었다.

낙양洛陽의 거리는 제齊, 진秦, 초楚, 조趙나라의 중심에 있었다.[⑦] 이곳의 가난한 사람들은 부잣집에서 하는 일을 배워서 오랫동안 장사한 것을 자랑하며,[⑧] 자주 고향의 마을을 지나가면서도 자신의 집에는 들어가지 않았다. 사사는 이러한 무리에게 장사를 맡겼다. 그러므로 사사師史는 7,000만 금의 재산을 이루었다.

魯人俗儉嗇 而曹邴[①]氏尤甚 以鐵冶[②]起 富至巨萬 然家自父兄子孫約 俛有拾 仰有取 貰貸行賈徧郡國 鄒魯以其故多去文學而趨利者 以曹邴氏也 齊俗賤奴虜 而刀閒[③]獨愛貴之 桀黠奴 人之所患也 唯刀閒收取 使之逐漁鹽商賈之利 或連車騎 交守相 然愈益任之 終得其力 起富數千萬 故曰寧爵毋刀[④] 言其能使豪奴自饒而盡其力 周人旣纖[⑤] 而師史[⑥] 尤甚 轉轂以百數 賈郡國 無所不至 洛陽街居在齊秦楚趙之中[⑦] 貧人學事富家 相矜以久賈[⑧] 數過邑不入門 設任此等 故師史能致七千萬

① 邴병

색은 邴의 발음은 '병柄'이다.

邴音柄也

② 冶야

집해 서광이 말했다. "노현魯縣에서는 철이 나온다."

徐廣曰 魯縣出鐵

신주 야冶는 쇠를 달구려고 화구火口에 풀무질하는 것이다.

③ 刀閑조한

색은 앞 글자 刀의 발음 '조雕'이며 성姓이다. 閑의 발음은 통상적인 음으로 읽는다.

上音雕 姓也 閑 如字

정의 刀의 발음은 '죠[丁遙反]'이고 성명姓名이다.

刀 丁遙反 姓名

신주 刀氏는 도씨가 아니라 '조씨'로 읽는다. 아마도 조씨刁氏의 오류일 것이다.

④ 寧爵毋刀영작무조

집해 《한서음의》에서 말한다. "종奴들이 스스로 서로 이르기를 '어떻게 벗어나서 백성이 되어 작위가 있는 것을 바라겠는가? 장차 조씨刀氏를 위해 노예가 되는 것으로 그치겠는가?'라고 했다. 무毋는 발성發聲하는 어조사이다."

漢書音義曰 奴自相謂曰 寧欲免去作民有爵邪 將止爲刀氏作奴乎 毋 發聲語助

색은 살펴보니 노예가 스스로 서로 이르기를 "차라리 벗어나 떠나서 관직과 작위를 구할 것인가?"라고 하자 말하기를 "조씨에게서 그치자."라고 했다. '무도毋刀'는 조씨에게 그치자는 말로, 떠나지 않고 그쳐서 조씨刀氏를 위한 노예가 되겠다는 말이다.

案奴自相謂曰 寧免去求官爵邪 曰 無刀 無刀 相止之辭也 言不去 止爲刀氏作
奴也

⑤ 纖섬

집해 《한서음의》에서 말한다. "검儉(검소하다)과 색嗇(인색하다)이다."

漢書音義曰 儉 嗇也

⑥ 師史사사

색은 사師는 성姓이고 사史는 이름이다.

師 姓 史 名

정의 사사師史는 사람의 성명이다.

師史 人姓名

⑦ 洛陽街居在齊秦楚趙之中낙양가거재제진초조지중

정의 낙양洛陽은 제齊, 진秦, 초楚, 조趙의 가운데 있는데, 그 거리의 가
난한 사람들이 부잣집에서 일하는 법을 배워 서로 자랑하며 여러 나라
에 오래도록 장사를 하며 모두 자주 (자신의) 마을이나 읍을 지나면서도
그의 집에 들어가지 않았다. 그러므로 앞에서 "낙양동고제노洛陽東賈齊
魯 남고양초南賈梁楚"라고 이른 것이 이것이다.

洛陽在齊秦楚趙之中 其街巷貧人 學於富家 相矜以久賈諸國 皆數歷里邑不入
其門 故前云 洛陽東賈齊魯 南賈梁楚是也

⑧ 相矜以久賈상긍이구고

집해 《한서음의》에서 말한다. "거리에서 사는 백성이 전지田地가 없어

모두가 이 여러 나라에서 오래도록 장사를 하며 서로를 자랑한다는 말이다."

漢書音義曰 謂街巷居民無田地 皆相矜久賈在此諸國也

선곡宣曲[①]의 임씨任氏는 선조가 독도督道[②]의 창고를 관리하는 관리였다. 진秦나라가 전쟁에서 무너졌을 때 호걸들은 모두가 다투어 금金이나 옥玉을 취했다. 그러나 임씨는 홀로 창고의 곡식을 땅굴 속에 저장했다.[③] 초楚나라의 항우와 한漢나라의 유방이 형양滎陽 땅에서 서로 대치할 때, 백성은 농사를 지을 수가 없었다. 이때 쌀 한 섬이 1만 전에 이르자 호걸들의 금이나 옥은 모두 사들여서 임씨에게로 돌아갔다. 임씨는 이 때문에 부富를 일으켰다.

부유한 사람들은 사치하는 것을 서로 다투었으나 임씨는 자신을 굽히고 의지를 꺾어 검소하게 생활하며 농사나 목축에 힘썼다. 농사나 목축에서 사람들이 다투어 값이 싼 것만을 취했으나[④] 임씨는 유독 값이 비싸고 좋은 것[⑤]만을 취했다. 부자로 여러 대를 이었다.

그런데도 임공任公의 집안사람들과 약속하기를 '자신의 전답이나 목장에서 나온 것이 아니면 의복으로 입거나 음식으로 먹지 않고, 공사公事가 끝나지 않으면 자신은 술을 마시거나 고기를 먹을 수 없다.'라고 하며 이로써 마을에서 솔선수범했다. 이 때문에 부유해져서 주상도 귀중하게 여겼다.

宣曲[①]任氏之先 爲督道[②]倉吏 秦之敗也 豪傑皆爭取金玉 而任氏獨窖[③]

倉粟 楚漢相距滎陽也 民不得耕種 米石至萬 而豪傑金玉盡歸任氏 任氏以此起富 富人爭奢侈 而任氏折節爲儉 力田畜 田畜人爭取賤賈④ 任氏獨取貴善⑤ 富者數世 然任公家約 非田畜所出弗衣食 公事不畢則身不得飲酒食肉 以此爲閭里率 故富而主上重之

① 宣曲선곡

집해 서광이 말했다. "고조의 공신에 선곡후宣曲侯가 있다."

徐廣曰 高祖功臣有宣曲侯

색은 위소가 말했다. "지명이다. 고조의 공신에 선곡후가 있다."〈상림부上林賦〉에는 "서치선곡西馳宣曲"이라고 했으니, 마땅히 경보京輔에 있었으나 지금 그 땅이 빠진 것이다.

韋昭云 地名 高祖功有宣曲侯 上林賦云 西馳宣曲 當在京輔 今闕其地

정의 살펴보니 그 땅은 합쳐져 관내關內에 있었다. 장읍張揖이 말했다. "선곡은 궁 이름이고 곤지昆池의 서쪽에 있다."

案 其地合在關內 張揖云 宣曲 宮名 在昆池西也

② 督道독도

집해 《한서음의》에서 말한다. "지금의 관리가 조세의 곡식을 감독하여 큰길을 따라 소재지로 수송하는 일과 같다." 위소가 말했다. "독도督道는 진秦나라 때 변방의 현 이름이다."

漢書音義曰 若今吏督租穀使上道輸在所也 韋昭曰 督道 秦時邊縣名

③ 窖교

집해 서광이 말했다. "窌의 발음은 '교校'이며 땅을 뚫어서 저장하는 것이다."

徐廣曰 窌音校 穿地以藏也

④ 爭取賤賈쟁취천가

색은 진작이 말했다. "싼 가격의 금金과 옥玉을 다투어 취하는 것이다."

晉灼云 爭取賤賈金玉也

정의 賈의 발음은 '가價'이다.

音價也

⑤ 貴善귀선

색은 물건을 사는데 반드시 값이 비싸고 좋은 것만을 취하고 가격이 싼 것은 경쟁하지 않았다.

謂買物必取貴而善者 不爭賤價也

> 변방을 척후를 주관하는 병사 중① 오직 교요橋姚②만이 이전부터 말 1,000필,③ 소 2,000두, 양 1만 두, 곡식 1만 종을 경영하기에 이르렀다.
>
> 오吳와 초楚 등 7개국이 반역하고 군사를 일으켰을 때는 장안에 있는 제후 중 군君에 봉해진 자들은 토벌군에 종군하기 위해 이자 돈을 얻고자 했다.④ 이자 돈을 빌리려는 사람들 대부분은 봉후封侯의 읍邑이나 국國이 모두 관동關東에 있었다. 관동의 상황이

온전할 것인가 무너질 것인가의 판단이 되지 않는 상황이라 기꺼이 돈을 빌려주려는 자가 없었다. 오직 무염씨無鹽氏만이 1,000금의 재물을 풀어서 빌려주었는데[5] 원금에서 열 배의 이자를 붙였다.[6] 그 뒤 3개월 만에 오吳와 초楚나라가 평정되었다. 1년 동안에 빌려준 돈에서 열 배를 이자로 받아 무염씨의 재산이 열 배가 불어나자 이로써 부유함이 관중의 부자들과 동등했다.

관중關中의 부상富商이나 대상大商은 대체로 다 전씨田氏들이었는데, 전색田嗇과 전란田蘭이 있다. 또 위가韋家의 율씨栗氏와 안릉安陵, 두杜 땅의 두씨杜氏[7]도 또한 거만금의 부자였다.

塞之斥也[1] 唯橋姚[2]已致馬千匹[3] 牛倍之 羊萬頭 粟以萬鍾計 吳楚七國兵起時 長安中列侯封君行從軍旅 齎貸子錢[4] 子錢家以爲侯邑國在關東 關東成敗未決 莫肯與 唯無鹽氏出捐千金貸[5] 其息什之[6] 三月 吳楚平 一歲之中 則無鹽氏之息什倍 用此富埒關中 關中富商大賈 大抵盡諸田 田嗇田蘭 韋家栗氏 安陵杜杜氏[7]亦巨萬

① 塞之斥也새지척야

집해 《한서음의》에서 말한다. "변방의 요새에서 척후를 주관하는 병사이다. 오직 이 사람만이 이처럼 치부富할 수 있었다."

漢書音義曰 邊塞主斥侯卒也 唯此人能致富若此

색은 맹강이 말했다. "변방의 요새에서 척후를 주관하는 병사이다." 또 살펴보니 척斥은 개開(개척하다)이다. 〈사마상여열전〉에 "변새를 더욱 열었다.[邊塞益斥]"라고 한 것이 이것이다.

孟康云 邊塞主斥候之卒也 又案 斥 開也 相如傳云 邊塞益斥是也

정의 맹강이 말했다. "변방의 요새에서는 척후의 졸병들을 주관한다." 오직 이 사람만이 이처럼 치부할 수 있었다." 안顏이 말했다. "새척塞斥은 국가에서 변방의 요새를 개척하고 영令을 고쳐서 너그럽게 했다. 그러므로 교요橋姚가 마음대로 그의 가축을 기를 수 있었다는 말이다."

孟康云 邊塞主斥候卒也 唯此人能致富若此 顏云 塞斥者 言國斥開邊塞 更令寬廣 故橋姚得恣其畜牧也

② 橋姚교요

색은 교橋는 성姓이고 요姚는 이름이다.

橋姓 姚名

정의 성姓은 교橋이고 이름은 요姚이다.

姓橋 名姚也

신주 교요橋姚는 변방의 척후를 담당했던 병사였다.

③ 馬千匹마천필

색은 교요橋姚는 요새가 개척됨으로 인하여 이 자산을 이룬 것을 말한다. 《풍속통》에서 말한다. "말[馬]을 셀 때, 필匹이라고 일컫는 것은 속설에 이르기를 '말을 살피는데 군자君子와 함께하거나 사람과 함께 서로 짝하는 까닭에 필匹이라'고 이른 것이다." 어떤 이는 설명하기를 말은 밤길을 가는데 눈은 앞으로 4장四丈을 비추어 본다. 그러므로 '일필一匹'이라고 이른다고 했다. 어떤 이는 설명하기를 말 세는 단위를 규정하려고 사방을 종횡하다가 마침내 일필一匹을 얻은 것이라고 했다. 또 《한시외전韓詩外傳》에서 말한다. "공자孔子와 안회顏回가 함께 산을 오르다가 한 필一匹의 누인 명주가 보였는데, 앞에는 쪽풀이 있어 살펴보니 과하마果下馬

였고, 말의 광경이 1필—匹의 길이였다."

言橋姚因斥塞而致此資 風俗通云 馬稱匹者 俗說云相馬及君子與人相匹 故云匹 或說馬夜行目照前四丈 故云一匹 或說度馬縱橫適得一匹 又韓詩外傳云 孔子與顔回登山 望見一匹練 前有藍 視之果馬 馬光景一匹長也

[신주] 4장丈의 길이가 1필匹이다. 《예문유취藝文類聚》에서는 "말의 광경이 1필疋의 길이였다. 이 때문에 '필'이라고 했다.[馬光景一疋長 故曰疋]"라고 한다. 필匹과 필疋은 모두 '짝'이란 의미이며, 길이의 단위이다.

④ **齎貸子錢**제특자전

[색은] 齎의 발음은 '죄[子稽反]'이다. 특貸은 가假(빌리다)이고, 貸의 발음은 '특[吐得反]'이다. 사람에게 물건을 주는 것을 제齎라고 이른다. 《주례》의 주석에서 말한다. "제齎는 물품을 주는 것이다."

齎音子稽反 貸 假也 音吐得反 與人物云齎 周禮注 齎所給與也

⑤ **貸**대

[색은] 貸의 발음은 '태[吐代反]'이다.

吐代反

[신주] 貸의 발음은 '대' 또는 '특'이다. 《집운集韻》에서 貸의 발음은 '특[惕得切]' 또는 '특慝'이라고 했다.

⑥ **息什之**식십지

[색은] 하나를 내어 열 배를 얻는 것을 이른다.

謂出一得十倍

⑦ 安陵杜杜氏안릉두두씨

집해 서광이 말했다. "안릉安陵과 두杜는 두 곳의 현 이름이다. 각각에 두씨杜氏의 성씨가 있다. 선제宣帝는 두杜로써 두릉杜陵이라고 하였다."

徐廣曰 安陵及杜 二縣名 各有杜姓也 宣帝以杜爲杜陵

이상은 부유함이 빛나고 특이한 ① 자들이다. 이들은 모두가 작위, 읍, 녹봉을 받거나 법을 농단하고 간사한 것을 범하며 부자가 된 것이 아니라, 소멸과 거취를 다하며 시대와 더불어 숙이고 우러러서 그의 남은 이익을 얻었는데, 말업의 상업으로 재물을 이루고 본업의 농업으로 부를 지켰다. 그리고 무로써 일체화하고 문으로써 지켰으니, 변화를 따라 표준으로 삼는 데 있어, 그러므로 한 방법이 될만하다고 하겠다.

힘을 써서 농사와 목축, 공업과 산림, 상업으로 이익을 저울질해서 부를 이룬 자에 이르면, 큰 부자는 군郡을 기울이고, 중간의 부자는 현縣을 기울이고, 작은 부자는 향리鄕里를 기울였는데 이들을 이루 다 헤아릴 수 없다.

此其章章尤異①者也 皆非有爵邑奉祿弄法犯姦而富 盡椎埋去就 與時俯仰 獲其贏利 以末致財 用本守之 以武一切 用文持之 變化有槪 故足術也 若至力農畜 工虞商賈 爲權利以成富 大者傾郡 中者傾縣 下者傾鄕里者 不可勝數

① 異이

서광이 말했다. "이異는 다른 판본에 '숙淑'으로 되어 있고 또 '각較'으로 되어 있다."

徐廣曰 異 一作淑 又作較

대저 근육의 힘을 인색하게 하는 것은 생명을 다스리는 바른 도이다. 부유한 자는 반드시 기특한 것을 사용해서 승리한다. 전답에서 농사를 짓는 것은 사업을 우뚝 솟게 하는데[1] 진양秦楊은 농사로써 한 주一州를 덮었다.[2] 무덤을 도굴하는 것은 간사한 일이다. 그런데 전숙田叔은 무덤을 도굴해서 부를 이루었다. 육박을 즐기는 도박은 못된 일이다. 그런데 환발桓發[3]은 육박을 해서 부자가 되었다. 행상行商이란 대장부들이 천히 여기는 직업이다. 그런데 옹雍 땅의 낙성樂成은 행상으로 풍요한 부자가 되었다. 기름을 판매하는 것[4]은 부끄러운 장사이다. 그런데 옹백雍伯[5]은 1,000금의 부자가 되었다. 음료수를 파는 것은 하찮은 사업이다. 그런데 장씨張氏는 1,000만금의 부자가 되었다. 칼을 가는 것[6]은 하찮은 기술이다. 그런데도 질씨郅氏는 이로 인해 호화로운 식사를 하고 살았다. 짐승의 위胃를 만지며 파는 것[7]은 가난하고 미천한 것인데도 탁씨濁氏는 기마병의 수행원을 거느렸다. 말을 치료하는 기술은 하찮은 처방에 불과한데도 장리張里는 종을 치게 하고 하인을 부리고 살았다. 이들은 모두 진실하게 한결같이 노력하여 부富에 이른 것이다.

이러한 것으로 말미암아 살펴보면 부자가 되는 것에는 정해진 직업이 있는 것이 아니고 재물이란 정해진 주인도 없는 것이다. 능력이 있는 자에게는 재물이 폭주하고 어질지 못한 자에게는 기왓장이 쪼개지듯이 한다.

1,000금을 모은 집안은 하나의 도시를 차지한 군주와 비교되고, 거만금을 가진 부자는 왕자王者와 즐거움을 함께한다.

어찌 이른바 '소봉素封'이라는 것을 그른 것이라고 하겠는가?

夫纖嗇筋力 治生之正道也 而富者必用奇勝 田農 掘業① 而秦揚以蓋一州② 掘冢 姦事也 而田叔以起 博戲 惡業也 而桓發③用(之)富 行賈 丈夫賤行也 而雍樂成以饒 販脂④ 辱處也 而雍伯⑤千金 賣漿 小業也 而張氏千萬 洒削⑥ 薄技也 而郅氏鼎食 胃脯⑦ 簡微耳 濁氏連騎 馬醫 淺方 張里擊鍾 此皆誠壹之所致 由是觀之 富無經業 則貨無常主 能者輻湊 不肖者瓦解 千金之家比一都之君 巨萬者乃與王者同樂 豈所謂素封者邪非也

① 掘業굴업

집해 서광이 말했다. "옛 '졸拙' 자는 또한 '굴掘'로 되어있다."

徐廣曰 古拙字亦作掘也

② 蓋一州개일주

색은 《한서》에 '갑일주甲一州'로 되어 있다. 복건이 말했다. "부유한 것이 주州의 안에서 제일이 된 것이다."

漢書作甲一州 服虔云 富爲州之中第一

③ 桓發환발

〔색은〕 《한서》에는 '계발稽發'로 되어 있다.

漢書作稽發

〔정의〕 환발桓發은 사람의 성명이다.

桓發 人姓名

④ 販脂판지

〔정의〕 《설문》에서 말한다. "뿔을 이고 있는 것은 지脂이고, 뿔이 없는 것은 고膏이다."

說文云 戴角者脂 無角者膏也

⑤ 雍伯옹백

〔집해〕 서광이 말했다. "옹雍은 다른 판본에는 '옹翁'으로 되어 있다."

徐廣曰 雍 一作翁

〔색은〕 雍의 발음은 '옹[於恭反]'이다. 《한서》에는 '옹백翁伯'으로 되어 있다.

雍 於恭反 漢書作翁伯也

⑥ 洒削쇄삭

〔집해〕 서광이 말했다. "쇄洒는 어떤 판본에 '세細'로 되어 있다." 살펴보니 《한서음의》에서 말한다. "도검을 가는 것의 명칭이다."

徐廣曰 洒 或作細 駰案 漢書音義曰 治刀劍名

〔색은〕 洒의 발음은 '셰[先禮反]'이고 칼 가는 것의 명칭이다. 쇄삭洒削은 칼을 갈아서 물로 씻는 것을 이르는 것이다. 또 《방언》에서 말한다. "검초劍削는 관동에서 '초削'라고 하며 削의 발음은 '초肖'이다." 삭削은 한결

같이 글자에 의거해서 읽는다.

上音先禮反 削刀者名 洒削 謂摩刀以水洒之 又方言云 劍削 關東謂之削 音肖
削 一依字讀也

⑦ 胃脯위포

색은 진작이 말했다. "태관太官이 항상 10월에 물을 끓여 양위羊胃를
삶아서 산초와 생강 가루를 뿌리는 것을 마치고 내리쬐는 햇볕에 건조하
면 포脯라고 이른다. 그러므로 쉽게 팔아서 부유하게 됨을 이른다."

晉灼云 太官常以十月作沸湯燀羊胃 以末椒薑粉之訖 暴使燥 則謂之脯 故易售
而致富

정의 살펴보니 위포胃脯는 오미五味를 조화시켜 포가 맛이 있게 된 것
을 이르는 것이다. 그러므로 쉽게 판매되는 것이다.

案 胃脯謂和五味而脯美 故易售

색은술찬 사마정이 펼쳐서 밝히다.

재물을 불리는데 이로운 것은 공업과 상업을 운영하는 것이다. 물건이
오를 때를 기다리며 잘 쌓아 놓았다가 저자에서의 상거래에 의지하여 사
특하게 이익을 취했다. 백규는 나라를 부유하게 했고 계연도 병력을 강
력하게 했다. 진시황은 과帶에게 사계절의 조회에 참여하게 했고 청淸을
위해 여회청대女懷淸臺를 쌓게 했다. 소봉은 천호후千戶侯같이 즐겁고 탁
씨卓氏와 정정程鄭은 나란히 명성이 있었다.

貨殖之利 工商是營 廢居善積 倚市邪贏 白圭富國 計然強兵 帶參朝請 女築懷
清 素封千戶 卓鄭齊名

사기 제130권 史記卷一百三十

태사공자서 太史公自序

사기 제130권 태사공자서 제70

史記卷一百三十 太史公自序第七十

___신주___ 〈태사공자서〉는 〈열전〉의 마지막이자 《사기》의 마지막으로 사마
천 자신의 집안 계보와 〈태사공서太史公書〉로 불렸던 《사기》를 편찬한 이
유와 그 순서에 대해서 설명하고 있다. 〈태자공자서〉는 반고班固가 편찬
한 《한서漢書》의 〈사마천열전〉과 함께 읽어야 더 생생하게 다가올 수 있
다. 〈태사공자서〉에는 궁형을 당하고 난 후 자신이 《사기》를 편찬하게
된 이유를 짤막하게 설명했지만 《한서》 〈사마천열전〉에는 임안에게 보
낸 편지를 통해 자신이 궁형을 당하고도 죽지 않고 살아남아 《사기》를
편찬하게 된 이유를 자세하게 설명했기 때문이다.

사마천은 〈태사공자서〉에서 자신의 집안 계보를 말하고 있다. 원래 하
늘과 땅을 맡던 중重과 여黎가 집안의 뿌리였는데, 주나라 선왕宣王 때
그 직분을 잃고 사마씨司馬氏가 되었다는 것이다. 사마씨는 대대로 주나
라 사관으로 종사하다가 주나라를 떠나 진晉나라로 간 것을 계기로 여
러 나라에 흩어졌다는 것이다. 진秦나라에 있던 사마착司馬錯의 손자가
장평대전에서 조趙나라를 물리쳤던 사마근司馬靳이고 그 손자가 사마창
司馬昌인데 모두 진秦나라에서 벼슬했다.

조趙나라의 괴외도 사마씨의 후예인데, 괴외의 고손자가 초나라 무신

군 항량項梁의 장수였던 사마앙司馬卬으로 항우에 의해 은왕殷王에 책봉되었다. 사마앙이 한漢나라로 귀의하면서 다른 나라에서 벼슬하던 사마씨들도 한나라로 귀의한 것으로 보인다. 진秦나라 사마창의 아들 사마무역이 한나라 시장을 역임하는 사마희를 낳았고, 사마희가 사마천의 부친인 사마담司馬談을 낳았는데 사마담은 한나라의 역사를 담당하는 태사공이 되었다.

현재 중국의 족보학계에서는 사마씨의 연원에 대해서 사마천의 설명과는 달리 정성程姓, 진성晉城, 전성田姓, 미성芈姓 등이 그 뿌리라고 다른 설명들을 하고 있다.

〈태사공자서〉는 부친 사마담의 학문에 대해서 장황하게 서술하고 있다. 천자가 한나라에서 처음으로 봉제封祭를 올릴 때 사마담이 따라가지 못해서 분개해 죽으려고 하다가 사마천에게 "태사가 되어 조상들의 일을 계승하라."고 당부했고 사마천은 눈물을 흘리면서 이를 계승하겠다고 약속했다고 전하고 있다. 사마천은 용문龍門에서 태어나 10세에 고문古文을 암송했고, 중원 각지를 답사하면서 학문을 익히고 벼슬길에 올랐다. 이후 그는 이릉李陵을 옹호하다가 재앙을 만난 후 《사기》를 지은 이유에 대해서 설명하고 있다. 공자, 문왕, 굴원, 좌구명, 손자, 여불위, 한비 등이 재앙을 만난 이후 여러 저작들을 남긴 것에 뜻이 있음을 깨달았다는 것이다. 상대부 호수壺遂가 사마천에게 '공자가 《춘추》를 지은 뜻'을 물은 것에 대답하는 형식으로 여러 이야기를 하고 있는데, 결국 공자가 주周

나라를 중심으로 《춘추》의 역사관을 만들었다면 사마천은 한漢나라를 중심으로 화하족華夏族의 역사관을 만든 것이다.

사마천은 〈태사공자서〉에서 《사기》의 각 부문에 대해 설명하고 있어서 《사기》의 체제와 사마천의 본뜻을 이해하는데 큰 도움을 주고 있다. 황제부터 무제까지 〈본기〉를 쓴 이유와 여러 〈표表〉와 〈서書〉를 작성한 이유를 설명하고 있다. 또한 태백이 계력에게 왕위를 양보한 것을 높이 사서 〈오태백세가〉를 〈세가〉의 첫머리로 두었음을 설명하고, 세상 사람들이 이익만을 다툴 때 의를 추구한 것을 높이 사서 〈백이열전〉을 〈열전〉의 첫머리로 두었음을 설명하고 있다. 모두 130편 52만 6,000글자의 《태사공서太史公書》의 정본은 명산에 저장하고 부본은 경사京師에 둔다면서 "후세에 성인과 군자를 기다리도록 한다"고 말했다. 이 《태사공서》가 후대에 《사기》로 불리게 되었다.

사마담 이야기

옛날 전욱顓頊씨가 있어서 남정南正 중重에게는 하늘을 맡으라 하고, 북정北正 여黎에게는 땅을 맡으라고 명했다.[①] 당唐과 우虞의 즈음에는 중重과 여黎의 후예를 계승하게 해 다시 그 일을 맡게 하고, 하夏나라와 상商나라에 이르러서는 이 때문에 중씨重氏와 여씨黎氏가 대대로 하늘과 땅을 관장하는 관직을 맡았다. 그 주周나라에 이르러 정백程伯 휴보休甫가 그들의 후예였다.[②] 주나라 선왕宣王 당시에는 그 직분을 잃고 사마씨司馬氏[③]가 되었다. 사마씨는 대대로 주나라의 사관으로 종사했다.[④] 주나라 혜왕惠王과 양왕襄王 사이에 사마씨는 주나라를 버리고 진晉나라로 달아났다.[⑤] 진晉나라의 중군中軍 수회隨會가 진秦나라로 달아나자[⑥] 사마씨는 소량少梁[⑦]으로 들어갔다.

사마씨가 주周나라를 버리고 진晉나라로 갔을 때부터 분산되어 혹은 위衛나라에 있기도 하고 혹은 조趙나라에 있기도 하고 혹은 진秦나라에 있기도 했다.

昔在顓頊 命南正重以司天 北正黎以司地[①] 唐虞之際 紹重黎之後 使復典之 至于夏商 故重黎氏世序天地 其在周 程伯休甫其後也[②] 當周宣王

時 失其守而爲司馬氏③ 司馬氏世典周史④ 惠襄之間 司馬氏去周適晉⑤
晉中軍隨會奔秦⑥ 而司馬氏入少梁⑦ 自司馬氏去周適晉 分散 或在衞
或在趙 或在秦

① 南正重以司天北正黎以司地남정중이사천북정려이사지

색은 남정南正 중重이 하늘을 맡고, 화정火正 여黎가 땅을 맡았다고 했
는데, 살펴보니 장안은 "남방南方은 양陽이고 화火는 수水의 짝이다. 수
水는 음陰이 된다. 그러므로 남정 중重에게 명해서 하늘을 맡게 하고, 화
정 여黎에게는 땅의 직분을 겸하게 한 것이다."라고 했고, 신찬은 중씨重
氏와 여씨黎氏는 천지天地를 맡은 관리였으니, 땅을 맡은 자는 의당 '북정
北正'이라고 한다고 생각했지만, 고문古文에 '북北' 자로 되어 있는 것은
잘못된 것이다. 또 양웅揚雄이나 초주譙周도 아울러 그렇다고 생각했다.
살펴보니 《국어》에는 "여黎는 화정火正이 되어 순후하게 빛내고 돈독하
게 크게 베풀어서 온 천하를 밝게 비추었다."라고 했고, 또 〈유통부幽通
賦〉에는 "여는 고신 때에 순후하게 빛냈다.[黎淳曜於高辛]"라고 하였으니,
'화정火正'이라고 하는 것이 옳다.

南正重以司天 火正黎以司地 案 張晏云 南方 陽也 火 水配也 水爲陰 故命南正
重司天 火正黎兼地職 臣瓚以爲重黎氏是司天地之官 司地者宜曰北正 古文作
北字 非也 揚雄譙周竝以爲然 案 國語黎爲火正 以淳曜敦大 光照四海 又幽通
賦云 黎淳曜於高辛 則火正爲是也

② 程伯休甫其後也정백휴보기후야

집해 응소가 말했다. "봉해서 정국程國의 백伯이 되었고 휴보休甫는 자

字이다."

應劭曰 封爲程國伯 休甫 字也

[색은] 살펴보니 중사천이려사지重司天而黎司地는 천지天地를 대대로 차
례해서 맡긴 것이다. 《좌씨左氏》에 의거하면 중重은 소호少昊의 아들이
고, 여黎는 전욱顓頊의 맏이다. 두 씨족의 남정南正과 북정北正은 출생한
곳이 각각 다르나 사마천의 생각으로는 두 씨족을 합해 하나로 하고 싶
었을 것이다. 이 때문에 모두 일러 "재주在周 정백휴보기후程伯休甫其後"
라고 했으니, 잘못된 것이다. 그러나 살펴보니 뒤에 사마표의 서序와 간
보干寶는 모두 사마씨司馬氏는 여黎의 후손이라고 일렀는데, 이것이 옳
다. 지금 모두 백휴보伯休甫라고 일컬었으니 이는 중려重黎의 후손이 된
다. 무릇 땅을 맡겼다고 말하면서 곧 하늘을 거론했고, 여黎를 일컬으면
서 중重을 겸하였으니, 본디 상대相對되는 문장이지만 그 실상은 두 관직
이 또한 서로 통하는 직분이다. 그러나 휴보休甫는 여黎의 후손이다. 또
한 이것도 태사공이 사관으로서 자신의 임무로 생각해서 선대先代의 천
관을 말하면서 중重을 겸하여 일컬었을 뿐이다.

案 重司天而黎司地 是代序天地也 據左氏 重是少昊之子 黎乃顓頊之胤 二氏
二正 所出各別 而史遷意欲合二氏爲一 故總云 在周 程伯休甫其後 非也 然
(後)案〔後〕彪之序及干寶皆云司馬氏 黎之後是也 今總稱伯休甫是重黎之後者
凡言地卽舉天 稱黎則兼重 自是相對之文 其實二官亦通職 然休甫則黎之後也
亦是太史公欲以史爲己任 言先代天官 所以兼稱重耳

[정의] 《괄지지》에서 말한다. "안릉安陵의 고성故城은 옹주雍州의 함양
咸陽 동쪽 21리에 있으며 주周의 정읍程邑이다."

括地志云 安陵故城在雍州咸陽東二十一里 周之程邑也

③ 司馬氏사마씨

정의 사마표의 서序에서 말한다. "남정南正 여黎는 후세에 사마씨司馬氏가 되었다."

司馬彪序云 南正黎 後世爲司馬氏

④ 世典周史세전주사

색은 살펴보니 사마司馬는 하관夏官의 경卿으로 국사國史를 관장하지는 않았으나 본래 선대에서부터 겸하여 사관이 되었다. 위굉衛宏은 "사마씨는 주사일周史佚의 후손이다."라고 했는데, 어디에서 의거했는지는 알지 못한다.

案 司馬 夏官卿 不掌國史 自是先代兼爲史 衞宏云 司馬氏 周史佚之後 不知何據

⑤ 去周適晉거주적진

집해 장안이 말했다. "주周나라의 혜왕惠王, 양왕襄王 때는 자퇴子穨, 숙대叔帶의 난이 있었다. 이 때문에 사마씨가 진晉나라로 달아난 것이다."

張晏曰 周惠王襄王 有子穨叔帶之難 故司馬氏奔晉

⑥ 隨會奔秦수회분진

색은 《좌씨左氏》를 살펴보니 수회隨會는 진晉나라로부터 진秦나라로 달아났고 뒤에 위魏나라로 달아났으며 위魏나라로부터 진晉나라로 돌아왔다. 그러므로 《한서》에는 수회가 진秦과 위魏로 달아났다고 이른 것이다.

案左氏 隨會自晉奔秦 後乃奔魏 自魏還晉 故漢書云會奔秦魏也

⑦ 少梁소량

옛 양국梁國이다. 진秦나라에서 멸망시키고 이름을 고쳐 소량少梁이라고 했으며 뒤에는 하양夏陽이라고 이름 했다.

古梁國也 秦滅之 改曰少梁 後名夏陽

정의 《춘추》를 살펴보니 수회隨會가 진秦나라로 달아났다가 그 뒤에 진나라로부터 위魏나라로 들어갔다가 진晉나라로 돌아왔다. 수회는 진晉나라의 중군장이 되었다. 소량少梁은 옛 양국梁國이고 영씨嬴氏의 성姓이며 동주同州 한서현韓城縣 남쪽 22리에 있으며 이때에는 진晉나라에 소속했다.

案春秋 隨會奔秦 其後自秦入魏而還晉也 隨會爲晉中軍將 少梁 古梁國也 嬴姓 在同州韓城縣南二十二里 是時屬晉

그중 위나라에 있던 후예가 중산국中山國의 재상이① 되었다. 조나라에 있던 후예는② 검술의 이론을 전해서 명성이 드러났는데,③ 괴외蒯聵④가 그의 후손이다. 진秦나라에 있던 후예는 이름이 사마착司馬錯으로 장의張儀와 함께 논쟁했다. 이에 진秦나라 혜왕惠王이 사마착에게 군사를 이끌고 촉蜀을 정벌하게 해서 마침내 촉을 빼앗고 이로 인하여 촉의 군수⑤로 삼았다. 사마착의 손자인 근靳⑥은 무안군武安君 백기白起를 섬겼다. 소량少梁은 이름을 하양夏陽으로 바꾸었다. 사마근은 무안군과 함께 조趙나라 장평長平에서 군대⑦를 몰살시켰으나 돌아와서는 그와 함께 두우杜郵⑧에서 사사賜死 당해 화지華池⑨에 장사 지냈다.

其在衞者 相中山① 在趙者② 以傳劍論顯③ 蒯聵④其後也 在秦者名錯

① 相中山상중산

집해 서광이 말했다. "(중산의 재상이 된 자의) 이름은 희喜이다."

徐廣曰 名喜也

② 在趙者재조자

색은 살펴보니 하법성何法盛의 《진서晉書》와 〈사마씨계본司馬氏系本〉에
는 이름이 개凱이다.

案 何法盛晉書及司馬氏系本名凱

정의 하법성의 《진서》와 진晉의 초왕譙王 사마무기司馬無忌의 〈사마씨
계본司馬氏系本〉에는 모두 이름을 '개凱'라고 일렀다.

何法盛晉書及晉譙王司馬無忌司馬氏系本皆云名凱

③ 傳劍論顯전검론현

집해 복건이 말했다. "세상에서 뛰어난 검론劍論을 전한 것이다." 소림
이 말했다. "수박手搏의 이론을 전하고 풀이한 것이다." 진작이 말했다.
"《사기》에서 오기吳起가 찬贊하기를 '신용이 있고 인仁하고 청렴하고 용
맹하지 아니하면 검론과 병서兵書를 전할 수 없다.'라고 했다."

服虔曰 世善傳劍也 蘇林曰 傳手搏論而釋之 晉灼曰 史記吳起贊曰 非信仁廉
勇 不能傳劍論兵書也

색은 복건이 말했다. "대대로 검론을 잘했다." 살펴보니 '해解'를 '전傳'

이라고 일컬은 것이다. 소림은 "전傳은 '박搏'으로 되어있다."라고 말했다.

수박론手搏論을 말하고 그것을 해석해서 이름이 알려졌기 때문이다.

服虔云 代善劍也 按 解所以稱傳也 蘇林云傳作搏 言手搏論而釋之 所以知名也

④ 蒯聵괴외

정의 聵의 발음은 '외[五怪反]'이다. 여순이 말했다. "〈자객열전〉의 괴외

蒯聵이다."

五怪反 如淳云 刺客傳之蒯聵也

⑤ 守수

집해 소림이 말했다. "수守는 군수이다."

蘇林曰 守 郡守也

⑥ 錯孫靳착손근

집해 서광이 말했다. "근靳은 다른 판본에 '기靳'로 되어 있다."

徐廣曰 一作靳

색은 앞 글자 錯의 발음은 '착[七各反]'이고, 뒷 글자 靳의 발음은 '근[紀
覬反]'이다. 《한서》에는 근靳은 '기靳'로 되어 있다.

上音七各反 下音紀覬反 漢書作靳

⑦ 長平軍장평군

집해 문영이 말했다. "조효성왕趙孝成王 때이다."

文穎曰 趙孝成時

⑧ 杜郵두우

색은 뒷 글자 郵의 발음은 '우尤'이다. 이기가 말했다. "지명이고 함양의 서쪽에 있다."《삼진기三秦記》를 살펴보면 그 땅은 뒤에 고쳐서 이리李里가 되었다.

下音尤 李奇曰 地名 在咸陽西 按三秦記 其地後改爲李里者也

⑨ 華池화지

집해 진작이 말했다. "지명이고 호현鄠縣에 있다."

晉灼曰 地名 在鄠縣

색은 진작이 호현鄠縣에 있다고 한 것은 잘못된 것이다. 사마천의 비碑를 살펴보니 하양夏陽의 서북쪽 4리에 있었다.

晉灼云在鄠縣 非也 案司馬遷碑在夏陽西北四里

정의 《괄지지》에서 말한다. "화지華池는 동주同州 한성현 서남쪽 70리에 있고, 하양의 고성 서북쪽 4리에 있다."

括地志云 華池在同州韓城縣西南七十里 在夏陽故城西北四里

사마근의 손자는 창昌인데 창은 진秦나라의 주철관主鐵官이 되었다. 당시 진시황의 시대였다. 괴외의 고손자 앙卬[①]은 무신군武信君[②]의 장수가 되어 조가朝歌를 항복시켰다. 제후들이 서로 왕을 책봉할 때 앙은 은왕殷王이 되었다.[③] 한漢나라에서 초楚나라를 정벌하자 앙은 한나라로 귀의했고 그 땅은 하내군河內郡이 되었다. 사마창은 무역無澤[④]을 낳았고, 무역은 한漢나라의 시장市長이 되었다. 무역은 희喜를 낳았으며, 희는 오대부五大夫가 되었다. 죽은 후에는 모두 고문高門⑤에 장사 지냈다. 희는 담談을 낳았고, 담은 태사공太史公이 되었다.

靳孫昌 昌爲秦主鐵官 當始皇之時 蒯聵玄孫卬① 爲武信君②將而徇朝歌 諸侯之相王 王卬於殷③ 漢之伐楚 卬歸漢 以其地爲河內郡 昌生無澤④ 無澤爲漢市長 無澤生喜 喜爲五大夫 卒 皆葬高門⑤ 喜生談 談爲太史公

① 玄孫卬현손앙

[색은] 살펴보니 진晉나라 초국譙國의 사마무기司馬無忌는 〈사마씨계본司馬氏系本〉을 지었는데, 이르기를 괴외蒯聵는 소예昭豫를 낳았고, 소예는 헌憲을 낳았고, 헌은 앙卬을 낳았다고 했다.

案 晉譙國司馬無忌作司馬氏系本 云蒯聵生昭豫 昭豫生憲 憲生卬

② 武信君무신군

[집해] 서광이 말했다. "〈장이전張耳傳〉에는 무신武臣이 스스로를 무신군武信君이라고 호칭했다고 한다."

徐廣曰 張耳傳云武臣自號武信君

[색은] 《한서》를 살펴보니 무신을 무신군이라고 불렀다.

案漢書 武臣號武信君

③ 王卬於殷왕앙어은

[색은] 《한서》에서 말한다. "항우項羽가 사마앙을 봉해 은왕殷王으로 삼았다."

漢書云 項羽封印爲殷王

④ 無澤무역

색은 《한서》에는 '무역毋擇'으로 되어 있다. 澤과 擇의 발음은 모두 '역亦'이다.

漢書 作毋擇 竝音亦也

⑤ 高門고문

집해 소림이 말했다. "장안의 북문이다." 신찬이 말했다. "장안성에는 고문高門이 없다."

蘇林曰 長安北門也 瓚曰 長安城無高門

색은 살펴보니 소림의 설명이 틀린 것이다. 사마천의 비석을 살펴보니 하양夏陽의 서북쪽에 있어 화지華池와 3리의 거리이다.

案 蘇說非也 案遷碑 在夏陽西北 去華池三里

정의 《괄지지》에서 말한다. "고문원高門原은 속명俗名이 마문원馬門原이고 동주同州 한성현韓城縣 서남쪽 18리에 있다. 한나라의 사마천묘는 한성현韓城縣 남쪽 22리에 있다. 하양현夏陽縣의 고성 동남쪽에 사마천총이 있고 고문원高門原 위에 있다."

括地志云 高門原俗名馬門原 在同州韓城縣西南十八里 漢司馬遷墓在韓城縣南二十二里 夏陽縣故城東南有司馬遷冢 在高門原上也

태사공①은 천관天官을 당도唐都②에게 배웠고, 《역易》을 양하楊何③에게 전수傳受했고, 도론道論을 황자黃子④에게서 익혔다. 태사공은 무제 건원建元과 원봉元封 연간에 벼슬했는데, 학자들이 각 학설의 본의를 통달하지 못하여 사도師道를 어그러뜨렸다고⑤ 가엾게 여겼다. 이에 육가六家의 대체적인 뜻을 논하여 말했다.

"《역易》의 대전大傳⑥에 이르기를 '천하는 하나로 일치하지만, 생각은 100갈래이다. (육가는) 돌아갈 곳은 똑같지만 (도道의) 길이 다르다.'라고 했다. 대저 음양가陰陽家, 유가儒家, 묵가墨家, 명가名家, 법가法家, 도덕가道德家로서 이들은 잘 다스려지도록 힘쓰는 자이지만 다만 따르는 학설이 길이 달라서 잘 성찰한 것도 있고 성찰하지 못한 것도 있을 뿐이다.⑦

太史公①學天官於唐都② 受易於楊何③ 習道論於黃子④ 太史公仕於建元元封之間 慜學者之不達其意而師悖⑤ 乃論六家之要指曰 易大傳⑥ 天下一致而百慮 同歸而殊塗 夫陰陽儒墨名法道德 此務爲治者也 直所從言之異路 有省不省耳⑦

① 太史公태사공

집해 여순如淳이 말했다. "〈한의주漢儀注〉에 태사공은 무제武帝가 설치했으며 자리는 승상의 위에 있었다. 천하의 계획된 글은 먼저 태사공에게 올렸고 다음에 승상에게 올렸으며 일을 차례대로 기술하는 것은 옛날의 《춘추》와 같게 했다. 사마천이 죽은 뒤에는 선제宣帝가 그의 관직을 태사령으로 삼아서 태사공의 문서를 행하게 할 뿐이다." 신찬이 말했다. "〈백관표〉에는 태사공이 없다. 〈무릉중서武陵中書〉에는 사마담司馬談

이 태사승太史丞으로 태사령太史令이 되었다고 했다."

如淳曰 漢儀注太史公 武帝置 位在丞相上 天下計書先上太史公 副上丞相 序
事如古春秋 遷死後 宣帝以其官爲令 行太史公文書而已 瓚曰 百官表無太史公
茂陵中書司馬談以太史丞爲太史令

색은 〈무릉서武陵書〉를 살펴보니 사마담은 태사승에서 태사령이 된즉
'공公'은 사마천이 책을 지으며 그의 아버지를 높였기 때문에 '공公'이라
이른 것이다. 그러나 '태사공太史公'이라고 일컬은 것은 모두 사마천이 그
의 아버지가 저작한 것을 기술했다고 했으나, 그 실상은 또한 사마천의
말이며 여순이 위굉衛宏의 《의주儀注》를 인용해 일컬어 "위재승상상位在
丞相上"이라고 한 것은 잘못된 것이라고 했다. 〈백관표〉를 살펴보니 그 관
직은 없었다. 또 역사를 엮고 가다듬는 관직은 국가에서 별도로 찬술撰
述된 것이 있으면 군현郡縣에 명하여 도서圖書가 올라온 바를 모두 먼저
태사공에게 올리게 한 것인데, 뒷사람들이 깨닫지 못하고 잘못 인식하여
자리가 승상의 위에 있다고 여겼을 뿐이다.

案茂陵書 談以太史丞爲太史令 則公者 遷所著書尊其父云公也 然稱太史公 皆
遷稱述其父所作 其實亦遷之詞 而如淳引衛宏儀注稱位在丞相上 謬矣 案百官
表又無其官 且修史之官 國家別有著撰 則令郡縣所上圖書皆先上之 而後人不
曉 誤以爲在丞相上耳

정의 우희虞喜의 《지림志林》에서 말한다. "옛날에 천관天官을 주관하
는 자는 모두 상공上公이었지만, 주周나라로부터 한漢나라에 이르기까지
그 직분이 점점 낮아졌다. 그러나 조회에서의 앉는 자리는 오히려 공公
의 위에 자리했다. 하늘의 도를 높인다고 해서 그의 관속들이 옛날의 명
칭을 가지고 높여서 일컬은 것이다." 살펴보니 아래의 문장에 "태사공은
이미 천관을 관장해서 백성을 다스리지 않았고, 자식이 있는데 천遷이

다."라고 했다. 또 이르기를 "사마담이 죽고 3년 뒤에 사마천이 태사공이 되었다."라고 했다. 또 이르기를 "태사공이 이릉李陵의 재앙을 만났다." 라고 했다. 또 이르기를 "너는 다시 태사가 되었으니 곧 나의 선조를 계승한 것이다."라고 했다. 이러한 문장을 살펴보면 우희虞喜의 설명이 가장 합리적이다. 이에 사마담과 사마천을 '태사공太史公'이라고 한 것은 모두 사마천이 스스로 쓴 것이다. 《한구의漢舊儀》에서 말한다. "태사공의 녹봉은 2,000석이고 졸사卒史들은 모두 녹봉이 200석이다." 그리하여 신찬과 위소, 환담의 설명은 모두 잘못이다. 환담이 해석한 것들은 〈무본기武本紀〉에 있다.

虞喜志林云 古者主天官者皆上公 自周至漢 其職轉卑 然朝會坐位猶居公上 尊天之道 其官屬仍以舊名尊而稱也 案 下文太史公旣掌天官 不治民 有子曰遷 又云卒三歲而遷爲太史公 又云太史公遭李陵之禍 又云汝復爲太史 則續吾祖矣 觀此文 虞喜說爲長 乃書談及遷爲太史公者 皆遷自書之 漢舊儀云 太史公秩二千石 卒史皆秩二百石 然瓚及韋昭桓譚之說皆非也 以桓譚之說釋在武本紀也

② 唐都당도
정의 〈천관서〉에서 말한다. "별을 점친 이가 곧 당도이다.[星則唐都]"
天官書云 星則唐都也

③ 楊何양하
집해 서광이 말했다. "치천菑川 사람이다."
徐廣曰 菑川人

④ 黃子황자

집해 서광이 말했다. "〈유림열전〉에는 황생黃生은 황제黃帝와 노자老子
의 술術을 좋아했다고 했다."

徐廣曰 儒林傳曰 黃生 好黃老之術

⑤ 師悖사패

정의 悖의 발음은 '패[布內反]'이다. 안顔이 말했다. "패悖는 혹惑(미혹되
다)이다. 각각이 스승의 글을 익혔으나 소견에 미혹됨이 있다는 것이다."

布內反 顏云 悖 惑也 各習師書 惑於所見也

⑥ 易大傳역대전

집해 장안이 말했다. "역계사易繫辭를 이른다."

張晏曰 謂易繫辭

정의 장안이 말했다. "역계사易繫辭를 이른다." 살펴보니 아래의 두 구
句는 〈계사繫辭〉의 문장이다.

張晏云 謂易繫辭 案 下二句是繫辭文也

⑦ 有省不省耳유성불성이

색은 살펴보니 육가六家는 함께 바른 곳으로 돌아간다. 그러나 따르는
바의 도는 길이 다르지만 배워서 혹은 전습하여 성찰하는 자도 있고 혹
은 성찰하지 못하는 자도 있을 뿐이다.

案 六家同歸於正 然所從之道殊塗 學或有傳習省察 或有不省者耳

일찍이 삼가 살펴보건대 음양가들의 술術은 지나치게 상세하고[①] 기휘忌諱하는 것이 많아, 사람들을 얽매게 해서 두렵게 하는 것이 많다.[②] 그러나 사계절의 큰 순서는 잃어서는 안 될 것이다.

유가儒家는 널리 배워도 요점이 적고, 수고는 많으나 공로가 적다. 이 때문에 그 일을 모두 따르기가 어렵다. 그러나 군신君臣과 부자父子의 예로 질서를 바로잡고 부부夫婦와 장유長幼의 분별을 열거한 것은 바꿀 수가 없다.

묵자墨子[③]는 검소해서 따르기가 어렵다. 이 때문에 그 일은 두루 따를[④] 수가 없다. 그러나 그 근본을 굳게 하고 쓰임을 절약하는 것은 버릴 수가 없다.

법가法家는 엄격하나 은혜가 적다. 그러나 그것이 군주와 신하, 위와 아래의 분수를 바르게 하는 것은 변경할 수 없다.

명가名家[⑤]는 사람을 (명분에) 얽매이게 해 진실성을 잃기가 쉽다. 그러나 명분과 실질의 관계를 바로잡은 것은 살펴보지 않을 수 없다.

嘗竊觀陰陽之術 大祥[①]而衆忌諱 使人拘而多所畏[②] 然其序四時之大順 不可失也 儒者博而寡要 勞而少功 是以其事難盡從 然其序君臣父子之禮 列夫婦長幼之別 不可易也 墨者[③]儉而難遵 是以其事不可徧循[④] 然其彊本節用 不可廢也 法家嚴而少恩 然其正君臣上下之分 不可改矣 名家[⑤]使人儉而善失眞 然其正名實 不可不察也

① 大祥대상

집해 서광이 말했다. "상祥은 다른 판본에는 '상詳'으로 되어 있다." 살펴보니 이기가 "월령月令과 성관星官이 그 지엽枝葉이다."라고 했다.

徐廣曰 一作詳 駰案 李奇曰 月令星官 是其枝葉也

[색은] 살펴보니《한서》에는 '대상大詳'으로 되어 있다. 내가 음양술을 살펴보니 지나치게 상세했다고 말한 것이다. 지금 이곳에 '상祥' 자로 되어 있어 본뜻에서 멀어지게 되었다.

案 漢書作大詳 言我觀陰陽之術大詳 而今此作祥 於義爲疏也

[정의] 고야왕이 말했다. "상祥은 선善(길하다)으로, 길하고 흉한 것이 먼저 나타나는 것이다."

顧野王云 祥 善也 吉凶之先見也

② 使人拘而多所畏사인구이다소외

[정의] 언론으로 일시에 구속해서 사람에게 꺼리고 두렵게 하는 것이다.

言拘束於日時 令人有所忌畏也

③ 墨者묵자

[정의] 위소가 말했다. "묵적墨翟의 술術이다. 검약을 높이는 것으로 뒤에 수소자隨巢子가 있어 그의 술術을 전했다."

韋云 墨翟之術也 尙儉 後有隨巢子傳其術也

④ 徧循편순

[색은] 徧의 발음은 '편遍'이다. 편순徧循은 모두 사용하기가 어렵다는 말이다.

徧音遍 徧循 言難盡用也

⑤ 名家명가

색은 살펴보니 명가名家는 예관禮官에서 흘러나왔다. 옛날에는 명칭이나 지위가 같지 않으면 예도 또한 등급을 다르게 했다. 공자孔子는 "반드시 명분을 바로잡을 것이다."라고 했는데, 살펴보니 명가名家에서도 예또한 특별한 예우가 있는 것을 알았다. 이것이 얽매이게 한다는 것이다. 명을 받되 가서 할 말까지는 받지 않아서 어떤 경우에는 그 참됨을 잃기도 하는 것이다.

案 名家流出於禮官 古者名位不同 禮亦異數 孔子必也正名乎 案 名家知禮亦異數 是儉也 受命不受辭 或失其眞也

도가道家는 사람에게 정신을 전일專一하게 해 움직임이 형체가 없는 데에 합해서 만물을 넉넉하게 하여 풍족하다.[①] 그 학술은 음과 양의 대순大順을 따르기 때문에 유儒와 묵墨의 좋은 점을 채택하고, 명가와 법가의 요점을 취하며, 시세에 따라 옮겨 사물에 응하여 변화하고, 풍속을 세워 일을 베푸는데 마땅하지 않은 것이 없으며, 뜻이 간략하고 지조를 지키기가 쉬워서 일은 적지만 공로가 많다.

유가儒家는 그렇지 못하니, 군주를 천하의 의표儀表로 삼는다. 군주가 제창하면 신하는 화답하고, 군주가 먼저 행하면 신하는 따르는 것인데, 이같이 하면 군주는 수고로우나 신하는 편안하다. 대도大道의 요체에 이르러서는 탐욕을 버리고[②] 총명한 것을 물리치는 것인데[③] 이것을 놓아두고 술법에 맡긴다. 대저 정신을 크게 쓰면 고갈되고, 형체를 크게 수고롭게 하면 피폐해진다. 정신과 형체가 소란스럽게 흔들리는데도 하늘, 땅과 함께 오래 하고자 한다는 것은 들어본 적이 없다.

대저 음양가陰陽家는 사시四時, 팔방八方, 12도十二度, 24절기④가 각각의 교령敎令이 있어 따르는 자는 창성하고 거역하는 자는 죽지 않으면 망한다고 했지만, 반드시 그렇지는 않다. 그러므로 이르기를 '사람들을 얽매게 해서 두렵게 하는 것이 많다.'라고 했다.

대저 봄에는 만물이 태어나고 여름에는 자라고 가을에는 거두고 겨울에는 저장하는데, 이것은 천도天道의 큰 법칙이라서 따르지 않으면 천하의 기강으로 삼을 것들이 없으므로 이르기를 '네 계절의 큰 순서를 잃어서는 안 된다.'라고 했다.

道家使人精神專一 動合無形 贍足萬物① 其爲術也 因陰陽之大順 采儒墨之善 撮名法之要 與時遷移 應物變化 立俗施事 無所不宜 指約而易操 事少而功多 儒者則不然 以爲人主天下之儀表也 主倡而臣和 主先而臣隨 如此則主勞而臣逸 至於大道之要 去健羨② 絀聰明③ 釋此而任術 夫神大用則竭 形大勞則敝 形神騷動 欲與天地長久 非所聞也 夫陰陽四時八位十二度二十四節④各有敎令 順之者昌 逆之者不死則亡 未必然也 故曰 使人拘而多畏 夫春生夏長 秋收冬藏 此天道之大經也 弗順則無以爲天下綱紀 故曰 四時之大順 不可失也

① 贍足萬物섬족만물

[색은] 贍의 발음은 '섬[市豔反]'이다.《한서》에는 '담澹'으로 되어 있다. 옛날과 지금의 글자가 다른 것이다.

贍音市豔反 漢書作澹 古今字異也

② 健羨건선

집해 여순이 말했다. "지웅수자知雄守雌라고 한 것은 이는 굳센 것을 버리는 것이다. '불견가욕不見可欲 사심불란使心不亂'이라고 한 것은 이는 부럽게 여길 만한 것을 버리는 것이다."

如淳曰 知雄守雌 是去健也 不見可欲 使心不亂 是去羨也

신주 지웅수자知雄守雌는 수컷들의 굳세고 적극적인 태도를 이해하면서, 연약한 암컷과 같은 태도를 가지라는 말이다. 즉 자신을 낮추고 겸손한 태도로 처신하는 것이다. 불견가욕不見可欲 사심불란使心不亂은 탐욕이 될만한 것을 보이지 않아야 민심이 어지러워지지 않는다는 말이다.

③ 絀聰明굴총명

색은 여순이 말했다. "불상현不尙賢과 절성기지絕聖棄智이다."

如淳曰 不尙賢 絕聖棄智也

신주 불상현不尙賢은 어진 사람을 떠받들지 말라는 뜻이며, 절성기지絕聖棄智는 성스러움을 끊고 지혜를 버리라는 뜻이다. 모두 《도덕경道德經》에 나오는 말로 즉 앞에 탐욕을 버리라는 말을 이어 겸손한 태도로 무위無爲를 실천하라는 의미이다.

④ 八位十二度二十四節팔위십이도이십사절

집해 장안이 말했다. "팔위八位는 팔괘八卦의 자리이다. 12도十二度는 12차十二次이다. 24절二十四節은 알맞은 기운으로 나아가는 것이다. 각각의 금기禁忌가 있는데, 일월日月을 말한다."

張晏曰 八位 八卦位也 十二度 十二次也 二十四節 就中氣也 各有禁忌 謂日月也

대저 유자儒者는 육례六藝를 법으로 삼는데, 육례六藝는 경전經傳이 수천만이나 되니, 여러 해를 거쳐도 그 학문을 통달할 수 없고, 당년當年에 그 예를 궁구할 수 없다. 그러므로 이르기를 '널리 배워도 요체는 적고 수고로우나 공로는 적다.'라고 한 것이다. 대저 군신과 부자의 예를 열거하고, 부부와 장유長幼의 분별을 차례 한 것과 같은 것들은 비록 백가百家라 하더라도 능히 바꿀 수 없다.

묵자墨者는 또한 요임금과 순임금의 도를 높여 그들의 덕행에 관해서 '집의 높이는 3자이고,[①] 흙으로 만든 계단은 3계단이고, 띠로 이은 지붕을 자르지 않고,[②] 상수리나무로 서까래를 만들고 깎지 않았다.[③] 흙으로 만든 그릇[④]으로 밥을 먹고 흙으로 만든 그릇[⑤]으로 마시며, 현미와 기장밥을 먹고[⑥] 명아주와 콩잎으로 끓인 국을 먹었으며[⑦] 여름에는 갈옷을 입고, 겨울에는 사슴 갖옷을 입었다. 죽은 자를 보낼 때는 오동나무 관으로 3치의 두께로 하고[⑧] 곡을 행하면서 그 슬픔을 그치지 않았다. 상례를 가르칠 때도 반드시 이로써 모든 백성이 따르도록 했다. 천하 사람들에게 함께 이같이 본받게 한다면 높고 낮은 것들의 구별이 없을 것이다.'라고 말했다. 대저 세상이 달라지고 계절이 달라지듯이 사업도 반드시 동일同—하지는 않다. 그러므로 '너무 검소하여 따르기가 어렵다.'라고 말한 것이다. 요컨대 근본을 굳게 하고 쓰임을 절약한다고 이른 것은 사람마다 만족하게 하고 집집마다 풍족하게 하는 도道다. 이것이 묵자의 장점이므로 비록 백가百家라 하더라도 없앨 수 없다.

夫儒者以六蓺爲法 六蓺經傳以千萬數 累世不能通其學 當年不能究其

其禮 故曰 博而寡要 勞而少功 若夫列君臣父子之禮 序夫婦長幼之別 雖百家弗能易也 墨者亦尙堯舜道 言其德行曰 堂高三尺^① 土階三等 茅茨不翦^② 采椽不刮^③ 食土簋^④ 啜土刑^⑤ 糲粱之食^⑥ 藜藿之羹^⑦ 夏日 葛衣 冬日鹿裘 其送死 桐棺三寸^⑧ 舉音不盡其哀 教喪禮 必以此爲萬 民之率 使天下法若此 則尊卑無別也 夫世異時移 事業不必同 故曰 儉 而難遵 要曰彊本節用 則人給家足之道也 此墨子之所長 雖百家弗能 廢也

① 其德行曰 堂高三尺기덕행왈 당고삼척

[색은] 살펴보니 이로부터 이하의 문장은 《한비자》의 글이다. 그러므로 '왈曰' 자로 일컬었다.

案 自此已下韓子之文 故稱曰

② 茅茨不翦모자부전

[정의] 지붕을 덮는 것을 자茨라고 하며 띠풀로 지붕을 덮은 것이다.

屋蓋曰茨 以茅覆屋

[신주] 모자부전茅茨不翦은 띠로 지붕을 이고 끝을 베어서 가지런히 하지 않는 것이다. 곧 아주 검소하게 사는 것을 말한다.

③ 采椽不刮채연불괄

[색은] 위소가 말했다. "채연采椽은 상수리나무로 만든 서까래이다."

韋昭云 采椽 櫟橑也

[정의] 채취해서 서까래로 만들고 다듬지 아니한 것이다.

採取爲椽 不刮削也

④ 土簋토궤

집해 서광이 말했다. "궤簋는 다른 판본에는 '류塯'로 되어 있다." 살펴
보니 복건이 말했다. "토궤土簋는 흙을 사용해서 그릇을 만든 것이다."

徐廣曰 一作塯 駰案 服虔曰 土簋 用土作此器

⑤ 土刑토형

정의 안顏이 말했다. "궤簋는 밥을 담는 것이고 형刑은 국을 담는 것이
다. 토土는 흙을 불에 익혀서 만든 것이니 곧 질그릇이다."

顏云 簋 所以盛飯也 刑 所以盛羹也 土謂燒土爲之 卽瓦器也

⑥ 糲梁之食날량지식

집해 장안이 말했다. "1곡의 현미와 7말의 쌀이 날糲이 된다." 신찬이
말했다. "5말의 현미와 3말의 쌀이 날糲이 된다. 糲의 발음은 '날刺'이
다." 위소가 말했다. "날糲는 농䵃(찧다)이다."

張晏曰 一斛粟 七斗米 爲糲 瓚曰 五斗粟 三斗米 爲糲 音刺 韋昭曰 糲 䵃也

색은 복건이 말했다. "날糲은 거친 쌀이다." 《삼창三倉》에서 말한다.
"양梁은 좋은 곡식이다."

服虔云 糲 䵃米也 三倉云 梁 好粟

정의 날糲은 거친 쌀이니 겨우 겉껍질만 벗겨낸 현미이다. 양梁은 속粟
이다. 곧 탈속脫粟(겨우 겉껍질만 벗겨낸 현미)된 거친 밥을 먹는 것을 이르는
것이다.

糲 䵃米也 脫粟也 梁 粟也 謂食脫粟之䵃飯也

⑦ 藜藿之羹여곽지갱

정의 여藜는 콩잎과 같은데 겉이 붉다. 곽藿은 콩잎이다.

藜 似藿而表赤 藿 豆葉也

⑧ 桐棺三寸동관삼촌

정의 오동나무로써 관棺을 만드는데 두께는 세 치이다.

以桐木爲棺 厚三寸也

법가法家는 친함과 친하지 않음을 구별하지 않고, 귀함과 천함을 다르게 하지 않아 한 번 법으로 판단하면 친한 이를 가까이하고 높은 이를 높이는 은혜가 끊긴다.① 한때의 계획을 행하는 데는 가능하나 길이 쓰는 데는 불가능하다. 그러므로 이르기를 '엄하지만 은혜가 적다.'라고 한 것이다. 군주를 높이고 신하를 낮추며 나누어진 직분을 밝혀 서로 권한을 넘지 못하도록 함에는 비록 백가라 하더라도 바꿀 수 없다.

명가名家는 까다롭게 살피고 얽히고설켜② 사람에게 그 뜻을 돌이키지 못하게 하고 오로지 명분으로만 결정해서 사람의 정을 잃게 한다. 그러므로 이르기를 '사람을 (명분에) 얽매이게 해 진실성을 잃기가 쉽다.'라고 했다. 대저 명분을 가져다가 실질을 따지며 이리저리 빠뜨리지 않으니,③ 이것은 살피지 않을 수 없다.

法家不別親疏 不殊貴賤 一斷於法 則親親尊尊之恩絕矣① 可以行一時之計 而不可長用也 故曰 嚴而少恩 若尊主卑臣 明分職不得相踰越 雖

百家弗能改也 名家苛察繳繞^② 使人不得反其意 專決於名而失人情 故

曰 使人儉而善失眞 若夫控名責實 參伍不失^③ 此不可不察也

① 親親尊尊之恩絶矣친친존존지은절의

[색은] 살펴보니 예禮에는 어버이를 친하게 하는 것이 첫째가 되고, 존군
尊君을 높이는 것이 첫째가 된다.

案 禮 親親父爲首 尊尊君爲首也

② 苛察繳繞가찰교요

[집해] 복건이 말했다. "繳의 발음은 '규호叫呼'에 가까우며 번거로운 것
을 이른다." 여순이 말했다. "교요繳繞는 얼기설기 엉킨 것과 같아서 대
체大體가 통하지 않는 것이다."

服虔曰 繳音近叫呼 謂煩也 如淳曰 繳繞猶纏繞 不通大體也

③ 參伍不失참오부실

[집해] 진작이 말했다. "명분을 이끌어 실질적으로 따져 이리저리 서로
비교해서 사정을 밝혀 아는 것이다."

晉灼曰 引名責實 參錯交互 明知事情

도가道家는 무위無爲이다. 또 이르기를 '무불위無不爲'라고도 한
다.① 그 실질은 행하기 쉽지만② 그 말들은 알아듣기가 어렵다.③
그 학설은 허무한 것을 근본으로 삼고서 순응하는 것을 작용으
로 삼는다.④ 세력을 이루는 것도 없고 뗫뗫한 형체도 없다. 그러
므로 만물의 정을 궁구할 수 있다. 사물보다 먼저 하거나 사물보
다 뒤에 하지도⑤ 않는다. 그러므로 만물의 주재자가 될만하다.
道家無爲 又曰無不爲① 其實易行② 其辭難知③ 其術以虛無爲本 以因
循爲用④ 無成埶 無常形 故能究萬物之情 不爲物先 不爲物後⑤ 故能爲
萬物主

① 無爲又曰無不爲무위우왈무불위

정의 무위無爲는 청정淸淨을 지키는 것이다. 무불위無不爲는 만물을 생
육生育하는 것이다.

無爲者 守淸淨也 無不爲者 生育萬物也

② 其實易行기실이행

정의 각각 그 분수를 지키기 때문에 쉽게 행하는 것이다.

各守其分 故易行也

③ 其辭難知기사난지

정의 그윽하고 깊숙해서 미묘하기 때문에 알기가 어렵다는 것이다.

幽深微妙 故難知也

④ 以因循爲用이인순위용

[정의] 자연에 맡기는 것이다.

任自然也

⑤ 物後물후

[집해] 위소가 말했다. "사물에 따라서 제재하는 것이다."

韋昭曰 因物爲制

법이 있는가 하면 없기도 하고, 때를 따라 사업을 하는데① 도度가 있기도 하고 없기도 해서 사물에 따라 함께 합해진다.② 그러므로 "성인聖人의 공로가 썩지 않은 것은 때의 변화를 지켰기 때문이다.③ 빈 것은 도의 변하지 않는 것이고 따르는 것은 군주의 강령이다.④"라고 했다. 뭇 신하가 함께 이르면 각자에게 스스로를 밝히게 한다. 그 실상이 그 명성에 알맞은 것을 단端이라고 이르고, 실상이 그 명성에 맞지 않는 것을 관窾이라고 이른다.⑤ 허황한 말을 듣지 않으면 간사함이 생기지 않고, 어진 이와 불초한 이가 저절로 나누어지며, 희고 검은 것이 비로소 드러난다. 쓰고자 하는 데 달려 있을 뿐이니, 무슨 일을 이루지 못할 것인가! 대도大道에 합치되면 원기가 뒤섞이어 혼돈의 상태가 되고,⑥ 천하에 밝게 빛나면 되돌아가서 무명의 상태가 된다. 무릇 사람이 살아있게 하는 것은 신명(정신)이며, 의탁하게 되는 것은 형체이다. 신명을 크게 쓰면 고갈되고, 형체를 크게 수고롭게 하면 피폐해지며,

형체와 신명이 떠나게 되면 죽게 되는 것이다.

죽은 자는 다시 살아나지 못하고 신명과 형체가 분리된 자는 되돌리지 못한다. 그러므로 성인聖人이 그것을 중시했다. 이로 말미암아 관찰해보건대 신명이란 삶의 근본이고, 형체란 삶의 도구이다.[7] 먼저 그 신명과 형체를 안정시키지 못하고 '나는 천하를 잘 다스릴 수 있다.'라고 하는 것은 무엇으로 말미암은 것인가?"

태사공太史公은 이미 천관天官만 맡고 백성을 다스리지 않았다. 아들을 두었는데 천遷이라고 했다.

有法無法 因時爲業[1] 有度無度 因物與合[2] 故曰 聖人不朽 時變是守[3] 虛者道之常也 因者君之綱[4]也 群臣竝至 使各自明也 其實中其聲者謂之端 實不中其聲者謂之窾[5] 窾言不聽 姦乃不生 賢不肖自分 白黑乃形 在所欲用耳 何事不成 乃合大道 混混冥冥[6] 光燿天下 復反無名 凡人所生者神也 所託者形也 神大用則竭 形大勞則敝 形神離則死 死者不可復生 離者不可復反 故聖人重之 由是觀之 神者生之本也 形者生之具也[7] 不先定其神〔形〕而曰我有以治天下 何由哉 太史公旣掌天官 不治民 有子曰遷

① 因時爲業인시위업

정의 계절의 사물을 따라 법도를 성취시키는 것을 사업으로 삼는 것이다.

因時之物 成法爲業

② 因物爲合인물위합

정의 그 만물의 형성하는 법도에 따라 함께 합하는 것이다.

因其萬物之形成度與合也

③ 時變是守시변시수

색은 "고왈성인불후故曰聖人不朽"에서 "인자군지강因者君之綱"에 이르기까지 이 문장은 《귀곡자鬼谷子》에서 나온 것으로 사마천이 인용해서 그 글을 작성했다. 그러므로 "고왈故曰"이라고 일컬은 것이다.

故曰聖人不朽 至因者君之綱 此出鬼谷子 遷引之以成其章 故稱故曰也

정의 성인聖人이 가르친 자취가 썩어서 없어지지 않는 것은 시대에 따라서 변화했기 때문임을 말한 것이다.

言聖人教迹不朽滅者 順時變化

④ 因者君之綱인자군지강

정의 백성의 마음을 따라 가르쳐서 오직 강령을 잡을 따름이라고 말한 것이다.

言因百姓之心以教 唯執其綱而已

⑤ 中其聲者謂之款중기성자위지관

집해 서광이 말했다. "款의 발음은 '관款'이고 공空(비다)이다." 살펴보니 이기는 "성聲은 별도의 이름이다."라고 했다.

徐廣曰 音款 空也 駰案 李奇曰 聲別名也

색은 款의 발음은 '관款'이다. 《한서》에는 '관款'으로 되어 있다. 관款은 공空이다. 그러므로 《신자申子》에 "관언무성款言無成"이라고 이른 것이 이것이다. 성聲은 명성이다. 실질이 명성에 알맞지 않게 되면 곧 공空

이라고 이르고 허울뿐인 명성이 있는 것을 말한다.

窾音款 漢書作款 款 空也 故申子云 款言無成是也 聲者 名也 以言實不稱名 則
謂之空 空有聲也

⑥ 混混冥冥혼혼명명

정의 앞 글자 混의 발음은 '혼[胡本反]'이다. 혼혼混混은 원기元氣의 모양
이다.

上胡本反 混混者 元氣(神者)之兒也

신주 명명冥冥은 은미한 모양이다.

⑦ 神者生之本也形者生之具也신자생지본야형자생지구야

집해 위소가 말했다. "성기聲氣는 신명神明이다. 지체枝體는 형체形體
이다."

韋昭曰 聲氣者 神也 枝體者 形也

사마천은 용문龍門①에서 태어나 하수 북쪽과 용문산 남쪽에서②
밭을 갈고 가축을 길렀다. 나이 10세에 고문古文을 암송했다. ③
20세에 남쪽으로 강수江水와 회수淮水를 유람하고, 회계會稽에 올
라 우혈禹穴을 찾아보고④ 구의九疑⑤를 살펴보았으며, 원수沅水와
상수湘水⑥에서 배를 타고 다녔다.
북쪽으로 문수汶水와 사수泗水⑦를 건넜고, 제齊나라와 노魯나라
의 도읍에서 학문을 연구하며 공자孔子의 유풍遺風을 관람했다.

향사鄕射의 예를 추鄒와 역嶧에서 익혔으며, 피鄱와 설薛과 팽성彭城에서 운수가 나빠서 심하게 고생하다가[8] 양梁나라와 초楚나라를 거쳐서 돌아왔다. 이리하여 천遷이 벼슬길에 올라 낭중郎中이 되어 사신의 임무를 받들고 서쪽으로 파巴와 촉蜀의 남쪽을 정벌했으며, 남쪽으로 공邛과 작笮과 곤명昆明을 공략하고 돌아와 보고를 올렸다.[9]

遷生龍門[1] 耕牧河山之陽[2] 年十歲則誦古文[3] 二十而南游江淮 上會稽 探禹穴[4] 闚九疑[5] 浮於沅湘[6] 北涉汶泗[7] 講業齊魯之都 觀孔子之遺風 鄕射鄒嶧 戹困鄱薛[8]彭城 過梁楚以歸 於是遷仕爲郎中 奉使西征巴蜀以南 南略邛笮昆明 還報命[9]

① 龍門용문

집해 서광이 말했다. "풍익馮翊의 하양현夏陽縣에 있다." 살펴보니 소림이 말했다. "우禹임금이 용문龍門을 뚫은 것이다."

徐廣曰 在馮翊夏陽縣 駰案 蘇林曰 禹所鑿龍門也

정의 《괄지지》에서 말한다. "용문은 동주同州 한성현韓城縣 북쪽 50리에 있다. 그 산은 황하黃河를 지나는데 하夏나라 우임금이 뚫은 곳이다. 용문산龍門山은 하양현에 있으니, 사마천은 곧 한漢나라 하양현 사람이다. 당唐에 이르러서 고쳐 한성현韓城縣이라 했다."

括地志云 龍門在同州韓城縣北五十里 其山更黃河 夏禹所鑿者也 龍門山在夏陽縣 遷卽漢夏陽縣人也 至唐改曰韓城縣

② 河山之陽하산지양

정의 하河의 북쪽이고 산山의 남쪽이다. 살펴보니 용문산의 남쪽에 있었다.

河之北 山之南也 案 在龍門山南也

③ 誦古文송고문

색은 살펴보니 사마천이 복생伏生을 섬김에 이르러서 이에《고문상서
古文尚書》를 배우고 외웠다. 유씨劉氏는《좌전》,《국어》,《계본系本》등의
서적으로 생각했으니, 이 또한 이름난 고문古文이다.

案 遷及事伏生 是學誦古文尚書 劉氏以爲左傳國語系本等書 是亦名古文也

④ 上會稽探禹穴상회계탐우혈

집해 장안이 말했다. "우禹가 순수하다가 회계會稽에 이르러 붕어하자
따라서 장례를 치렀다. 위에는 공혈孔穴이 있어서 민간에서는 우禹가 이
구멍으로 들어갔다고 일렀다."

張晏曰 禹巡狩至會稽而崩 因葬焉 上有孔穴 民間云禹入此穴

색은 《월절서越絶書》에서 말한다. "우禹임금이 모산茅山에 올라서 대회
계大會計를 하고 이름을 고쳐 회계會稽라고 했다." 장발張勃의《오록吳錄》
에서 말한다. "본래 이름은 묘산苗山이고 일명 복부覆釜이며 우禹가 제후
들의 계공計功을 집합시키고 고쳐서 회계會稽라고 했다. 위에는 공孔(구멍)
이 있어 '우혈禹穴'이라고 부른다."

越絶書云 禹上茅山大會計 更名曰會稽 張勃吳錄云 本名苗山 一名覆釜 禹會
諸侯計功 改曰會稽 上有孔 號曰禹穴也

정의 《괄지지》에서 말한다. "석천산石箐山은 일명 옥사산玉笥山이고 또
완위산宛委山이라고 이름하는데, 곧 회계산會稽山의 한 봉우리이다. 회계

현 동남쪽 18리에 있다."《오월춘추》에서 말한다. "우禹가 〈황제중경黃帝中經〉을 살펴보니 구의산 동남쪽에 있는 천주산天柱山을 완위산宛委山이라고 부르고, 적제赤帝의 왼쪽 궁궐을 메워 무늬가 있는 옥으로 받치고 반석盤石으로 덮어 놓았다. 그 책은 금간金簡으로 청옥靑玉에 글자를 쓰고 백은白銀으로 엮었는데, 모두 문자를 양각으로 새겨져 있었다. 우禹임금이 동쪽으로 순수해서 형산衡山에 올라 백마白馬의 피로써 제사했다. 우임금이 산에 올라서 하늘을 쳐다보고 웃다가 홀연히 잠이 들었는데, 꿈에 수의繡衣를 입은 남자가 나타나서 스스로 현이창수사자玄夷倉水使者라고 일컫고 물러나 복부지산覆釜之山에 의지하고 동쪽을 돌아보며 우禹에게 이르기를 '나는 산신山神의 글을 얻고자 해서 황제黃帝의 악岳, 바위 아래에서 재계하고 3월 마지막 경庚일에 산에 올라 돌을 발견했다.'라고 했다. 우禹임금이 이에 완위산에 올라서 돌을 발견하고 이에 금간金簡의 옥자玉字를 얻어서 수천水泉의 맥으로 사용했다. 산중에는 또 하나의 혈穴이 있는데 깊고 밑이 보이지 않는 것으로 '우혈禹穴'이라고 이른다." 사마천이 이르기를 "회계에 올라서 우혈禹穴을 탐색하다."라고 했는데 곧 이 혈穴이다.

括地志云 石簹山一名玉笥山 又名宛委山 卽會稽山一峯也 在會稽縣東南十八里 吳越春秋云 禹案黃帝中經九山 東南天柱 號曰宛委 赤帝左闕之塡 承以文玉 覆以盤石 其書金簡靑玉爲字 編以白銀 皆瑑其文 禹乃東巡 登衡山 血白馬以祭 禹乃登山 仰天而笑 忽然而臥 夢見繡衣男子自稱玄夷倉水使者 卻倚覆釜之山 東顧謂禹曰 欲得我山神書者 齊於黃帝之岳 岩(岩)〔嶽〕之下 三月季庚 登山發石 禹乃登宛委之山 發石 乃得金簡玉字 以水泉之脈 山中又有一穴 深不見底 謂之禹穴 史遷云 上會稽 探禹穴 卽此穴也

신주 위에 정의 에서《오월춘추吳越春秋》에 "우禹가 〈황제중경黃帝中

經〉을 살펴보니 구의산 동남쪽에 있는 천주산天柱山을 완위산宛委山이라고 부르고, 적제赤帝의 왼쪽 궁궐을 메워 무늬가 있는 옥으로 받치고 반석盤石으로 덮어 놓았다. 그 책은 금간金簡으로 청옥靑玉에 글자를 쓰고 백은白銀으로 엮었는데, 모두 문자를 양각으로 새겨져 있었다.[禹案黃帝中經九山 東南天柱 號曰宛委 赤帝左闕之塡 承以文玉 覆以盤石 其書金簡靑玉爲字 編以白銀 皆瑑其文]"으로 기록하고 있다고 했으나 원문과 다르다. 원문에는 "구의산 동남쪽에 있는 천주산을 완위산이라고 하는데 적제께서 이 산의 대궐에 살고 계신다. 절벽 꼭대기에 (책 한 권이 있는데) 무늬가 있는 옥으로 받쳐서 반석으로 덮어 놓았다. 이 책은 금간으로 청옥에 글자를 새겨 백은으로 엮었으며, 글자가 모두 양각되어 있다.[在於九疑山東南天柱 號曰宛委 赤帝在闕 其巖之巓 承以文玉 覆以磐石 其書金簡 靑玉爲字 編以白銀 皆瑑其文]"라고 기록하고 있다.

⑤ 闚九疑규구의

색은 《산해경》에서 말한다. "남방南方에는 창오구蒼梧丘와 창오천蒼梧泉이 영도營道의 남쪽에 있고 그 산에는 9개의 봉우리가 모두 서로 비슷하다. 그러므로 구의九疑라 한다." 장안이 말했다. "구의九疑에 순舜을 장사지냈다. 그러므로 엿본다고 한 것이다. 이윽고 올라서 우혈禹穴을 탐색한 것은 아마도 선성先聖의 장례를 한 곳에 고책문古冊文이 있을 것이고, 그러므로 찾아서 엿본 것이니 또한 먼 곳까지 찾아와서 채집한 것이다." 山海經云 南方蒼梧之丘 蒼梧之泉 在營道南 其山九峰皆相似 故曰九疑 張晏云 九疑舜葬 故窺之 尋上探禹穴 蓋以先聖所葬處有古冊文 故探窺之 亦搜探遠矣

정의 구의산九疑山은 도주道州에 있다.

九疑山在道州

⑥ 沅湘원상

[정의] 원수沅水는 낭주郎州에서 나온다. 상수湘水는 도주道州의 북쪽에서 나와 동북쪽으로 해서 바다로 들어간다.

沅水出朗州 湘水出道州北 東北入海

⑦ 汝泗문사

[정의] 문수汝水와 사수泗水는 연주兗州 동북쪽에서 나와 남쪽으로 노魯나라를 지난다.

兩水出兗州東北而南歷魯

⑧ 鄒嶧戹困蕃薛추역액곤피설

[집해] 서광이 말했다. "嶧의 발음은 '역亦'이고 현縣 이름이며 산山이 있다. 蕃의 발음은 '피皮'이다. 추鄒, 피蕃, 설薛의 세 현은 소속이 노魯나라이다."

徐廣曰 嶧音亦 縣名 有山也 蕃音皮 鄒蕃薛三縣屬魯

[색은] 蕃의 본래 발음은 번蕃인데 지금 蕃의 발음은 '피皮'이다. 살펴보니 전부田俅의 《노기魯記》에서 말한다. "영제靈帝 말기에 여남汝南의 진자유陳子游가 있었는데, 노魯의 재상이 되었다. 진자유는 태위太尉인 진번陳蕃의 아들로, 나라 사람들이 기휘忌諱해서 고친 것이다." 만약 그의 설명과 같은 것이라면 곧 '번蕃'은 '파蕃'로 고치고 '파蕃'와 '피皮'의 발음이 서로 비슷해서 뒤에 점점 와전된 것일 뿐이다. 그러나 《지리지》에는 "노국魯國의 피현蕃縣이다."라고 했고, 응소는 "주국邾國이고 蕃의 발음

은 '피蕃'이다."라고 했다.

鄒本音蕃 今音皮 案 田褒魯記云 靈帝末 有汝南陳子游爲魯相 子游 太尉陳蕃
子也 國人諱而改焉 若如其說 則蕃改鄒 鄒皮聲相近 後漸訛耳 然地理志魯國
蕃縣 應劭曰邾國也 音皮

[정의] 추鄒는 현 이름이다. 역嶧은 산 이름이다. 역산嶧山은 추현鄒縣 북
쪽 20리에 있고, 땅이 곡부曲阜와 가까워 이곳에서 향사례鄉射禮를 시행
했다. 《괄지지》에서 말한다. "서주徐州 등현滕縣은 한漢의 번현蕃縣이고
蕃의 발음은 '번翻'이다. 한말漢末에 진번陳蕃의 아들 진일陳逸이 노魯나
라 재상이 되었는데 蕃의 발음을 '피皮'로 고쳤다." 전부田褒의 《노기魯
記》에서 말한다. "영제靈帝 말기에 여남의 진자유가 노魯의 상相이 되었
는데 진번의 아들이다. 나라 사람들이 기휘忌諱해서 고친 것이다."

鄒 縣名 嶧 山名 嶧山在鄒縣北二十二里 地近曲阜 於此行鄉射之禮 括地志云
徐州滕縣 漢蕃縣 音翻 漢末陳蕃子逸爲魯相 改音皮 田褒魯記曰 靈帝末 汝南
陳子游爲魯相 陳蕃子也 國人爲諱而改焉

⑨ 南略邛筰昆明還報命남략공작곤명환보명
[집해] 서광이 말했다. "원정元鼎 6년에 서남이西南夷를 평정하고 5개 군
郡으로 만들었다. 그다음 해는 원봉元封 원년이다."

徐廣曰 元鼎六年 平西南夷 以爲五郡 其明年 元封元年是也

이 해에 천자가 처음으로 한가漢家(한나라)의 봉제封祭를 일으켰는데, 태사공太史公은 주남周南^①에 유체留滯되어 일에 참여하지^② 못했다. 이 때문에 분개하여 죽으려 했다. 아들 천遷이 때마침 돌아와 하수河水와 낙수洛水 사이에서 아버지를 뵈었다. 태사공이 천遷의 손을 잡고 울면서 말했다.

"나의 선조는 주周나라의 태사太史였다. 아주 오랜 옛날부터 일찍이 공로와 명예를 우虞와 하夏에서 나타냈으며 천관天官의 일을 맡았다. 후세로 오면서 쇠약해졌으니 나에게서 끊어지려는가? 너는 돌아가 태사太史가 되어 우리의 조상을 계승하거라.

지금 천자天子께서 천세의 왕통을 접하고 태산泰山에서 봉을 행하는데 나는 따라갈 수 없었으니 이것이 운명이로다. 운명이로다! 내가 죽거든 너는 반드시 태사太史가 되어야 한다. 태사太史가 되거든 내가 하고 싶었던 논저를 잊지 말아라.

대저 효도란 어버이를 섬기는 것을 시작으로 군주를 섬기는 데에 바르게 수행하고, 입신양명하는 것에서 끝마쳐서 이름을 후세에 드러내 부모를 빛나게 하는 것, 이것이 효의 큰 것이다.

是歲天子始建漢家之封 而太史公留滯周南^① 不得與^②從事 故發憤且卒 而子遷適使反 見父於河洛之間 太史公執遷手而泣曰 余先周室之太史也 自上世嘗顯功名於虞夏 典天官事 後世中衰 絕於予乎 汝復爲太史 則續吾祖矣 今天子接千歲之統 封泰山 而余不得從行 是命也夫 命也夫 余死 汝必爲太史 爲太史 無忘吾所欲論著矣 且夫孝始於事親 中於事君 終於立身 揚名於後世 以顯父母 此孝之大者

① 周南주남

집해 서광이 말했다. "지우摯虞는 옛날의 주남周南이고 지금의 낙양洛陽이다."

徐廣曰 摯虞曰 古之周南 今之洛陽

색은 장안이 말했다. "섬陝으로부터 동쪽은 모두 주남周南의 땅이다."

張晏云 自陝已東 皆周南之地也

신주 태사공太史公 사마담司馬談이 주남(낙양)에 있었던 관계로 봉선封禪의 일에 참여하지 못했다는 데에서 지방에 있음을 의미하는 말로 통용된다.

② 與예

정의 與의 발음은 '예預'이다.

與音預

대저 천하에서 주공周公을 칭송했는데, 그가 능히 문왕文王과 무왕武王의 덕을 거론하여 노래하고 주남周南과 소남邵南①의 풍교風敎를 널리 폈으며, 태왕太王과 왕계王系의 사려에 통달하고 이에 공류公劉②에게까지 미쳐서 후직后稷을 높였기 때문에 말한 것이다. 유왕幽王과 여왕厲王의 뒤로 왕도가 이지러지고 예와 악이 쇠약해지자 공자孔子께서 옛 전적을 정리하고 폐해졌던 것을 일으켜서 《시詩》와 《서書》를 논하고 《춘추春秋》를 만드셨으니 학자들은 지금까지도 법칙으로 삼는 것이다.

그러나 기린을 얻은 것으로부터 지금까지 400여 년^③ 동안 제후들이 서로 겸병해서 역사의 기록이 버려져 단절되었다. 지금 한漢나라가 일어나 천하는 하나로 통일되었고, 밝은 군주와 어진 임금과 충신과 의사義士가 있는데도 내가 태사太史가 되어 역사를 논하여 기술하지 못했으니, 천하의 글이 폐해질까 봐 나는 심히 두렵다. 너는 그것을 생각하라!"

천遷이 머리를 숙이고 눈물을 흘리면서 말했다.

"소자小子가 민첩하지 못하나 청하신다면 선인先人께서 차례대로 논한 바와 예부터 들은 것들을 감히 빠뜨리지 않겠습니다."

夫天下稱誦周公 言其能論歌文武之德 宣周邵^①之風 達太王王季之思慮 爰及公劉^② 以尊后稷也 幽厲之後 王道缺 禮樂衰 孔子脩舊起廢 論詩書 作春秋 則學者至今則之 自獲麟以來四百有餘歲^③ 而諸侯相兼 史記放絕 今漢興 海內一統 明主賢君忠臣死義之士 余爲太史而弗論載 廢天下之史文 余甚懼焉 汝其念哉 遷俯首流涕曰 小子不敏 請悉論先人所次舊聞 弗敢闕

① 周邵주소

신주 《시경》〈국풍〉에 실려 있는 '주남周南'과 '소남邵南'을 일컫는다. 주공周公 단旦과 소공召公 석奭이 문왕의 명으로 남쪽의 강수(양자강) 유역으로 원정에 나섰다가 시가를 수집했다고 한다. 그래서 주공이 수집한 시가집을 주남, 소공이 수집한 시가집을 소남이라고 했다는 설이 전해진다.

② 公劉공류

③ 四百有餘歲사백유여세

집해 살펴보니 연표年表에는 노애공魯哀公 14년에 획린獲麟하고 한무제 원봉元封 원년에 이르기까지 371년이다.

駰案 年表魯哀公十四年獲麟 至漢元封元年三百七十一年

사마담司馬談이 죽은 지 3년 뒤에 사마천이 태사령太史令^①이 되어 역사의 기록과 석실石室 및 금궤金匱 속의 글^③을 철집綴集했다.^② 5년이 지나 무제의 태초太初 원년^④ 11월 갑자甲子 초하루 아침인 동지冬至에 맞추어 하늘의 역曆을 처음으로 고치고 명당明堂을 세 워 모든 신령神靈이 기력紀曆을 받았다.^⑤

卒三歲而遷爲太史令^① 紬^②史記石室金匱之書^③ 五年而當太初元年^④ 十一月甲子朔旦冬至 天曆始改 建於明堂 諸神受紀^⑤

---

① 太史令태사령

색은 《박물지》에서 말한다. "태사령太史令 무릉茂陵 현무리顯武里 대부 사마천司馬遷의 나이 28세, 3월 6일 을묘乙卯일에 600석의 관리에 제수되 었다."

博物志 太史令茂陵顯武里大夫司馬遷 年二十八 三年六月乙卯除 六百石

② 紬주

서광이 말했다. "紬의 발음은 '추抽'이다."

徐廣曰 紬音抽

여순이 말했다. "구서舊書와 고사故事를 거두고 통철해서 차례로 기술했다." 서광은 紬의 발음을 '추抽'라고 말했다. 소안小顏이 말했다. "주紬는 모아 엮는 것을 이른다."

如淳云 抽徹舊書故事而次述之 徐廣音抽 小顏云 紬謂綴集之也

③ 石室金匱之書석실금궤지서

살펴보니 석실石室과 금궤金匱는 모두 나라에서 책을 저장하는 곳이다.

案 石室金匱 皆國家藏書之處

④ 太初元年태초원년

이기가 말했다. "사마천이 태사가 된 5년 뒤는 마침 무제의 태초 원년에 해당하고 이때 《사기史記》를 기술했다."

李奇曰 遷爲太史後五年 適當於武帝太初元年 此時述史記

살펴보니 사마천의 나이는 42세였다.

案 遷年四十二歲

사마담이 죽은 해가 무제 원봉元封 원년(서기전 110년)이고, 사마천이 《사기史記》를 기술한 해가 무제 태초太初 원년(서기전 104년)이다. 이것으로 헤아려보아 햇수로 따지면 7년이 되고, 만으로 따지면 6년이 되니, 태사가 된 5년 뒤 마침 무제의 태초 원년에 해당한다고 말한 것은 명백한 오류이다.

⑤ 諸神受紀제신수기

集해 서광이 말했다. "〈봉선서封禪序〉에는 '봉선封禪은 모든 신령에게 몸을 청결하게 하고 제사하지 않음이 없었다.'라고 했다." 살펴보니 위소가 말했다. "온갖 신에게 고하고 천하와 더불어 다시 시작했으니 이를 기록해 나타낸 것이다."

徐廣曰 封禪序曰 封禪則萬靈罔不禋祀 駰案 韋昭曰 告於百神 與天下更始 著紀於是

색은 우희의 《지림志林》에는 "명당에서 역曆을 고쳐서 제후에게 반포頒布했다. 제후는 모든 신령의 주인이다. 그러므로 '제신수기諸神受紀'라고 한다."라고 했다. 맹강이 말했다. "구망句芒이나 축융祝融의 무리가 모두 상서로운 기력紀曆을 받은 것이다."

虞喜志林云 改曆於明堂 班之於諸侯 諸侯群神之主 故曰 諸神受紀 孟康云 句芒祝融之屬皆受瑞紀

제
二
장

사기를 지은 뜻은?

태사공太史公이 말했다.

"선인先人^①께서 말씀하시기를 '주공周公이 죽고부터 500년 만에 공자孔子가 있었다. 공자가 죽은 후 지금에 이르기까지 500년이니,^② 밝은 세상을 이을 수 있도록《역전易傳》을 바로 잡고,《춘추春秋》를 계승하며,《시詩》,《서書》,《예禮》,《악樂》에 근본을 구명할 사람이 나타날 것이다.'라고 하셨다.

뜻하는 바가 여기에 계셨도다! 뜻하는 바가 여기에 계셨도다! 소자小子가 어찌 감히 마다하겠는가.^③"

太史公曰 先人^①有言 自周公卒五百歲^②而有孔子 孔子卒後至於今 五百歲 有能紹明世 正易傳 繼春秋 本詩書禮樂之際 意在斯乎 意在斯乎 小子何敢讓^③焉

① 太史公曰先人태사공왈선인

색은 선인先人은 선대의 현인賢人을 이른다.

先人謂先代賢人也

정의 태사공은 사마천이다. 선인先人은 사마담司馬談이다

太史公 司馬遷也 先人 司馬談也

② 五百歲오백세

색은 살펴보니 《맹자》에서 일컫기를 "요순堯舜에서 탕왕湯王에 이르는
것이 500여 세이고, 탕왕에서 문왕文王에 이르는 것이 500여 세이고, 문
왕에서 공자孔子에 이르는 것이 500여 세이다."라고 했다. 살펴보니 태사
공이 대략을 《맹자》에서 취했는데, 양웅楊雄과 손성孫盛은 심히 그러하
지 않다고 한 것은 이른바 "자신의 분수를 헤아리지 못함을 보여줄 뿐이
다."라는 것이다. 생각하면 순박한 기운으로 재주를 기르는데, 어찌 정해
진 숫자가 있겠으며, 500년의 세월이 어찌 짧은 시간과 다르겠는가? 이
때문에 상황上皇이 서로 차례하고 혹은 만령萬齡이 되는 사이에 있어서
당요唐堯, 순舜, 우禹가 어깨를 견주어 나란히 반열 하게 한 것이다. 아래
로 주나라 왕실에 이르러서는 성현聖賢이 조정에 가득했다. 공자孔子가
몰하고 1,000년을 계승함이 없었는데, 어찌 1,000년이나 500년에 달렸겠
는가? 갖추어 기술한 자는 아마도 주석에 기록한 뜻일 뿐이니, 어찌 성인
聖人에 견주겠는가?

按 孟子稱堯舜至湯五百餘歲 湯至文王五百餘歲 文王至孔子五百餘歲 按 太史
公略取於孟子 而楊雄孫盛深所不然 所謂多見不知量也 以爲淳氣育才 豈有常
數 五百之期 何異瞬息 是以上皇相次 或有萬齡爲間 而唐堯舜禹比肩竝列 降
及周室 聖賢盈朝 孔子之沒 千載莫嗣 安在於千年五百乎 具述作者 蓋記注之
志耳 豈聖人之倫哉

③ 讓양

색은 양讓은 《한서》에는 '양撰'으로 되어 있다. 진작이 말했다. "이것

은 옛날의 '양讓' 자이다. 자신이 마땅히 선인先人의 사업을 기술記述하는데, 어찌 감히 스스로 부족하게 여겨 500년에 때를 맞는 것을 마다하겠는가?"

讓 漢書作攘 晉灼云 此古讓字 言己當述先人之業 何敢自嫌值五百歲而讓也

상대부上大夫 호수壺遂[1]가 말했다.

"옛날에 공자孔子께서는 무엇 때문에 《춘추》를 지으셨습니까?"

태사공이 말했다.

"내가 동중서董仲舒[2]에게 들으니 '주周나라의 도道가 쇠미해져 무너지고 공자께서 노魯나라 사구司寇가 되었는데 제후들은 꺼렸고 대부大夫들은 단절했다. 공자께서는 자기의 말이 쓰이지 않아서 도道가 행해지지 못할 것을 알고, 이에 242년간의 시비를 따져서[3] 천하의 의표儀表로 삼아서 (어질지 못한) 천자를 폄하하고 (무도한) 제후들을 물리치며, (간악한) 대부大夫들을 성토해서 왕사王事를 이루려 했을 따름이다.'라고 했습니다. 공자께서 말씀하시기를 '나는 포폄褒貶과 시비是非하는 말을 싣고자[4] 하였지만 행해진 일을 살펴보니 깊고 절실하게 드러내 밝히느니만[5] 같지 못하구나.'라고 하셨습니다.

上大夫壺遂[1]曰 昔孔子何爲而作春秋哉 太史公曰 余聞董生[2]曰 周道衰廢 孔子爲魯司寇 諸侯害之 大夫壅之 孔子知言之不用 道之不行也 是非[3]二百四十二年之中 以爲天下儀表 貶天子 退諸侯 討大夫 以達王事而已矣 子曰 我欲載之空言[4] 不如見之於行事之深切著明[5]也

① 壺遂호수

색은 살펴보니 수遂는 첨사詹事가 되었으며 녹봉이 2,000석이다. 그러므로 상대부가 된다.

案 遂爲詹事 秩二千石 故爲上大夫也

② 董生동생

집해 복건이 말했다. "동중서董仲舒이다."

服虔曰 仲舒也

③ 是非시비

색은 살펴보니 시비是非는 제후들의 득실得失을 포폄褒貶한 것을 이른다.

案 是非謂褒貶諸侯之得失也

④ 載之空言재지공언

색은 살펴보니 공자孔子가 《춘추위春秋緯》를 보고 말한 것을 태사공이 인용해서 설명을 완성하는 것이다. 공언空言은 포폄褒貶과 시비是非를 이른다. 헛되게 이 글을 세웠더라도 난신적자亂臣賊子가 두려워할 것이라고 했다.

案 孔子之言見春秋緯 太史公引之以成說也 空言謂褒貶是非也 空立此文 而亂臣賊子懼也

⑤ 深切著明심절저명

색은 살펴보니 공자가 말하기를 '나는 단지 공언空言을 세워 칭찬과 폄하를 베풀고자 하였으니, 당시에 일어난 일에 붙여 나타내는 것만 같지 못하다.'라고 했다. 인신人臣으로 참람하거나 사치하거나 찬역簒逆이 있으면, 이에 따라 나아가 칭찬하고 폄하하는 것을 필삭筆削해서, 깊고 간절하게 밝은 것을 드러나게 해서 쓴다면 장래의 경계가 될 것으로 여긴 것이다.

案 孔子言我徒欲立空言 設褒貶 則不如附見於當時所因之事 人臣有僭侈簒逆 因就此筆削以褒貶 深切著明而書之 以爲將來之誡者也

대저 《춘추》는 위로 삼왕三王의 도를 밝히고, 아래로 인사人事의 기강紀綱을 변별합니다. 의심스러운 것을 구별하며, 옳고 그른 것을 밝히고, 망설이며 머뭇거리는 것을 확정했습니다. 선善한 것을 좋아하고 악惡한 것을 미워하며① 어진 이를 공경하고 어질지 못한 이를 천시했습니다. 망한 나라를 살피고 끊어진 세보世譜를 이으며, 해진 것을 보완하고 없어진 것을 보충했으니, 왕도王道 중에서도 큰 것입니다.

《역易》은 천지天地와 음양과 네 계절과 오행五行을 나타낸 것입니다. 그러므로 변화에 좋습니다. 《예禮》는 인륜의 강기綱紀입니다. 그러므로 행동에 좋습니다. 《서書》는 선왕先王의 일을 기록한 것입니다. 그러므로 정사에 좋습니다. 《시詩》는 산천과 계곡, 새와 짐승, 풀과 나무, 짐승의 빈모牝牡(암수)와 날짐승의 자웅雌雄을 기록한 것입니다. 그러므로 풍속을 아는 데에 좋습니다. 《악樂》은 즐거움을 세운 것입니다. 그러므로 화합에 좋습니다. 《춘추》는 옳고 그른 것을 분별한 것입니다. 그러므로 사람을 다스리는 데에 좋습니다. 이런 까닭으로 《예》는 사람을 절도있게 하고, 《악》은 조화를 펴게 하고, 《서》는 일을 말하고, 《시》는 뜻을 표현하고, 《역》은 변화를 말하고, 《춘추》는 의를 말합니다.

난세를 헤치고 정도正道로 돌아가게 하는 것은 《춘추》보다 가까운 것이 없습니다. 《춘추》의 문장은 수만 자를 이루고 그 가리키는 것은 수천 가지입니다.② 만물의 흩어지고 모이는 것들이 모두 《춘추》에 있습니다. 《춘추》 속에는 군주를 시해한 것이 서른여섯 번이요, 망한 나라가 52개국이요, 제후들이 도망해서 사직을 보호하지 못한 자들은 이루 다 헤아릴 수가 없습니다. 그 까닭을 살피면 모두 그의 근본을 잃었을 뿐입니다.③ 그러므로 《역》에 이르기를 '터럭 만한 실수가 1,000리의 차이를 나게 한다.④'라고 했습니다. 그러므로 '신하가 그 임금을 죽이고 자식이 그 어버이를 죽이는 것은 하루아침이나 하룻저녁의 일로 인한 것이 아니라 그 말미암은 까닭이 오래된 것이다.⑤'라고 했던 것입니다.

夫春秋 上明三王之道 下辨人事之紀 別嫌疑 明是非 定猶豫 善善惡惡① 賢賢賤不肖 存亡國 繼絕世 補敝起廢 王道之大者也 易著天地陰陽四時五行 故長於變 禮經紀人倫 故長於行 書記先王之事 故長於政 詩記山川谿谷禽獸草木牝牡雌雄 故長於風 樂樂所以立 故長於和 春秋辯是非 故長於治人 是故禮以節人 樂以發和 書以道事 詩以達意 易以道化 春秋以道義 撥亂世反之正 莫近於春秋 春秋文成數萬 其指數千② 萬物之散聚皆在春秋 春秋之中 弑君三十六 亡國五十二 諸侯奔走不得保其社稷者不可勝數 察其所以 皆失其本已③ 故易曰失之豪釐 差以千里④ 故曰 臣弑君 子弑父 非一旦一夕之故也 其漸久矣⑤

① 善善惡惡선선오악

[색은] 《공양전》에서 말한다. "선善한 것을 좋아하면 (선이) 그 자손에게 미치고, 악惡한 것을 미워하면 (악이) 그 자신에서 그친다."

公羊傳曰 善善及其子孫 惡惡止其身也

② 其指數千기지수천

[집해] 장안이 말했다. "《춘추》는 1만 8,000자인데 마땅히 줄었다고 해야 하나 수를 이루었다고 일렀으니, 글자가 잘못된 것이다." 배인이 말했다. "태사공의 이 말은 동중서의 말을 기술한 것이다. 동중서는 스스로 《공양춘추》를 익혔는데, 《공양公羊》의 〈경經〉과 〈전傳〉은 총 4만 4,000여 자가 있었다. 그러므로 '문성수만文成數萬'이라고 이른 것이다." 장안張晏의 의론이 단지 〈경經〉의 1만 8,000자만을 논하여 잘못되었다고 말한 것만도 못하다.

張晏曰 春秋萬八千字 當言減 而云成數 字誤也 駰謂太史公此辭是述董生之言 董仲舒自治公羊春秋 公羊經傳凡有四萬四千餘字 故云文成數萬也 不得如張議 但論經萬八千字 便謂之誤

[색은] 살펴보니 장안은 "《춘추》는 1만 8,000자인데 이곳에서 '문성수만文成數萬'이라고 이른 것은 글자의 오류이다."라고 했다. 배인은 "사마천이 '동중서가 논한 《공양전》은 총 4만 4,000자이다.'라고 한 것을 기술하였기 때문에 '수만數萬'이라고 이른 것이다."라고 하였는데, 이것도 잘못된 것이다. 소안이 말했다. "사마천이 어찌 《공양전》을 가지고 《춘추》라고 했겠는가? 또 《춘추경》 1만 8,000자는 또한 수만이라고 칭할 만하니 글자의 오류는 아닐 것이다."

案 張晏曰 春秋萬八千字 此云文成數萬 字誤也 裴駰以遷述仲舒所論公羊經傳

凡四萬四千 故云數萬 又非也 小顏云 史遷豈以公羊傳爲春秋乎 又春秋經一萬
八千 亦足稱數萬 非字之誤也

③ 失其本已실기본이

[색은] 살펴보니 군주를 시해하고 국가가 망한 것과 달아난 것들은 모두
어질고 의로운 도의 근본을 잃었을 뿐이다. 이已는 말을 종결하는 어사
語辭이다.

案 弑君亡國及奔走者 皆是失仁義之道本耳 已者 語終之辭也

④ 失之豪釐差以千里실지호리차이천리

[집해] 서광이 말했다. "일설에는 '호와 리만큼의 차이이다.[差以豪釐]'라
고 일렀고, 일설에는 '1,000리만큼 잘못되었다.[繆以千里]'라고 일렀다." 살
펴보니 지금의 《역》에는 이 말이 없고 《역위易緯》에 있다.

徐廣曰 一云差以毫釐 一云繆以千里 駰案 今易無此語 易緯有之

⑤ 臣弑君~其漸久矣신시군~기점구의

[신주] 《주역》의 곤괘坤卦 문언文言의 말이다.

그러므로 나라를 가진 자는 《춘추》를 몰라서는 안 됩니다. (알지 못
하면) 앞에서 참소함이 있어도 보지 못하고, 뒤에서 적이 있어도 알
지 못할 것입니다. 사람의 신하가 된 자도 《춘추》를 몰라서는 안
됩니다. (알지 못하면) 떳떳한 일을 지켜도 그 마땅함을 알지 못하고,

변고의 일을 만나도 그 대응할 권도를 알지 못할 것입니다. 인군人君과 아비가 되어서 《춘추》의 뜻에 통달하지 못하면 반드시 악의 우두머리라는 오명汚名을 뒤집어쓸 것입니다. 신하나 자식이 되어서 《춘추》의 뜻에 통달하지 못하면 반드시 찬탈과 시해하는 죄에 빠지고 죽을 죄를 지었다는 오명을 얻게 될 것입니다.

그 실상이 모두 선이라는 생각으로 그것을 하지만 그 뜻을 알지 못하고 행하기 때문에[1] 포폄褒貶하고 시비是非하는 말을 받게 되더라도 감히 타이르지 못할 것입니다.[2]

대저 예의의 뜻을 통달하지 못하면 군주는 군주답지 못하고, 신하는 신하답지 못하며, 아버지는 아버지답지 못하고, 아들은 아들답지 못하게 되는 지경에 이르게 될 것입니다.

대저 군주가 군주답지 못하면 역모를 당하게 되고,[3] 신하가 신하답지 못하면 주벌을 당하게 되며, 아버지가 아버지답지 못하면 도리가 없어질 것이고, 아들이 아들답지 못하면 불효하게 될 것입니다.

이상의 네 가지 행실은 천하의 큰 과오입니다. 천하의 큰 과오를 주는데도 그것을 받으면서 감히 타이르지 못하는 것입니다. 그러므로 《춘추》란 예의의 대종大宗입니다. 대저 예란 그러하기 전에 금지해서 못하게 하는 것이요, 법이란 이미 그러한 뒤에 시행하는 것입니다. 법이 쓰이게 되는 것은 쉽게 보이지만 예가 금지하게 하는 것은 알기가 어렵습니다."

故有國者不可以不知春秋 前有讒而弗見 後有賊而不知 爲人臣者不可以不知春秋 守經事而不知其宜 遭變事而不知其權 爲人君父而不通於春秋之義者 必蒙首惡之名 爲人臣子而不通於春秋之義者 必陷簒弑之

誅 死罪之名 其實皆以爲善 爲之不知其義① 被之空言而不敢辭② 夫不
通禮義之旨 至於君不君 臣不臣 父不父 子不子 夫君不君則犯③ 臣不
臣則誅 父不父則無道 子不子則不孝 此四行者 天下之大過也 以天下
之大過予之 則受而弗敢辭 故春秋者 禮義之大宗也 夫禮禁未然之前
法施已然之後 法之所爲用者易見 而禮之所爲禁者難知

① 不知其義부지기의

[정의] 그의 마음이 진실하고 선하나 그 의리를 알지 못한 채 행한다면
죄나 허물에 빠지게 된다.

其心實善 爲之不知義理 則陷於罪咎

② 空言而不敢辭공언이불감사

[집해] 장안이 말했다. "조돈趙盾이 역적을 토벌하는 것을 알지 못해서
감히 그 죄에 대해 사양하지 않았다."

張晏曰 趙盾不知討賊 而不敢辭其罪也

③ 君不君則犯군불군즉범

[정의] 안顔이 말했다. "신하가 되어서 침범하는 것이다. 일설에는 예의
를 어기고 범했다고 일렀다."

顔云 爲臣下所干犯也 一云違犯禮義

호수壺遂가 말했다.

"공자孔子께서 사시던 시대에는 위에는 현명한 군주가 없었으므로 아래로는 관리로 등용됨을 얻지 못했습니다. 그러므로 《춘추》를 지어 공문空文을 드리워 예의를 단정斷定하고 천자의 법도에 맡겼습니다. 지금 부자夫子께서는 위로는 현명한 천자天子를 만났고, 아래로는 직분을 지킬 수 있어 만사가 이미 갖추어져 있으니, 모두가 각각 그 마땅함을 펼치는데, 선생께서 논하시려는 것은 무엇을 밝히고자 하는 것입니까?"

태사공이 말했다.

"예예, 아닙니다. 아닙니다.① 그렇지 않습니다. 저는 선인先人께서 말씀하시는 것을 들었습니다. '복희伏羲씨는 지극히 순박하고 두터워서 《주역》의 팔괘八卦를 만들었다. 요임금과 순임금의 성대함은 《상서尙書》에 실려 있고, 예禮와 악樂이 지어졌다. 탕왕湯王과 무왕武王의 융성함은 《시경》에 사람들이 노래하고 있다. 《춘추》는 선을 채택하고 악한 것을 폄하하며 3대三代의 덕을 미루어 주周나라 왕실을 기리는데 다만 풍자만 한 것이 아닐 따름이다.'라고 하셨습니다. 한漢나라가 흥성한 이래 현명한 천자天子에 이르기까지 부서符瑞를 얻어 봉선封禪하고, 정삭正朔과 복색服色을 고치고 바꾸며 맑은 부드러운 기운의 천명天命을 받아② (천자의) 베풀어주는 은택이 끝이 없자 해외의 풍속을 달리하는 자들도 거듭 통역하여 요새의 문을 두드리고,③ 와서 바치고 알현하기를 청하는 자들이 이루 다 말할 수가 없습니다. 신하와 모든 관리가 성스러운 덕을 힘껏 칭송한다고 해도, 오히려 그 뜻을 다 펴낼 수 없을 것입니다. 또 선비 중 어질고 능력 있는 자가 등용되지 못하는 것은 나라를 가진 자가 부끄럽게 여기는 것이며, 주상이 밝고 성스러우신데도 그 덕이 세상에 알려지지 않는 것은 관리의 잘못입니다. 또 내가 그 관직을 맡고 있으면서도 밝고 성스러운 성덕盛德을 버리고 게재하지 않으며, 공신과 세가, 어진 대부들의 공업을 멸하고 기술하지 않는다면 돌아가신 아버지께서 말씀하신 바를 훼손시키는 것으로 죄가 이보다 큰 것이 없을 것입니다. 내가 이른바 옛일을 기술한다는 것은 그 대대로 전해오는 것을 바로잡고 가지런히 하는 것이지 이른바 창작이 아닙니다. 그러므로 그대께서 《춘추》에 견주는 것은 잘못입니다."

壺遂曰 孔子之時 上無明君 下不得任用 故作春秋 垂空文以斷禮義 當一王之法 今夫子上遇明天子 下得守職 萬事旣具 咸各序其宜 夫子所論 欲以何明 太史公曰 唯唯 否否^① 不然 余聞之先人曰 伏羲至純厚 作易八卦 堯舜之盛 尙書載之 禮樂作焉 湯武之隆 詩人歌之 春秋釆善貶惡 推三代之德 褒周室 非獨刺譏而已也 漢興以來 至明天子 獲符瑞 封禪 改正朔 易服色 受命於穆淸^② 澤流罔極 海外殊俗 重譯款塞^③ 請來獻見者 不可勝道 臣下百官力誦聖德 猶不能宣盡其意 且士賢能而不用 有國者之恥 主上明聖而德不布聞 有司之過也 且余嘗掌其官 廢明聖盛德不載 滅功臣世家賢大夫之業不述 墮先人所言 罪莫大焉 余所謂述故事 整齊其世傳 非所謂作也 而君比之於春秋 謬矣

① 唯唯否否_{유유부부}

집해 진작이 말했다. "유유唯唯는 겸손하게 대답하는 것이다. 부부否

否는 통하지 않는 것이다."

晉灼曰 唯唯 謙應也 否否 不通者也

② 受命於穆淸수명어목청

집해 여순이 말했다. "하늘의 명命이 맑고 화평한 기를 받은 것이다."

如淳曰 受天命淸和之氣

정의 於의 발음은 '오鳥'이다. 안顔이 말했다. "오於는 탄식의 소리이다. 목穆은 미美이다. 천자天子가 아름다운 덕을 두어서 교화로 맑아진 것이다."

於音鳥 顔云 於 歎辭也 穆 美也 言天子有美德而敎化淸也

③ 重譯款塞중역관새

집해 응소가 말했다. "관款은 고叩이다. 모두 와서 요새의 문을 두드리고 복종한 것이다." 여순이 말했다. "관款은 관寬이다. 요새를 지키는 자들을 없애기를 청하고 스스로 보호해서 도적의 해를 당하지 않게 되었다."

應劭曰 款 叩也 皆叩塞門來服從也 如淳曰 款 寬也 請除守塞者 自保不爲寇害

정의 중역重譯은 다시 그의 말을 번역하는 것이다.

重譯 更譯其言也

이에 그의 글을 논해서 순서를 정했다.

7년이 지나고서^① 태사공이 이릉李陵의 재앙^②을 만나 체포되어 간히고 유폐되자, 곧 위연喟然히 탄식하여 말했다.

"이것이 나의 죄인 것을… 이것이 나의 죄인 것을… 몸이 망가져서 쓸모가 없게 되었구나."

물러나서 깊이 생각하고 말했다.

"대저 《시詩》와 《서書》가 은미하고 간략한 것^③은 그의 뜻하는 생각을 이루고자 한 것이다. 옛날 주周나라 서백창西伯昌(주문왕周文王)은 은殷나라의 주왕紂王에 의해 유리羑里^④에 구금되자 《주역周易》을 연역演繹했다. 공자孔子께서는 진陳과 채蔡의 사이에서 곤욕을 당하고 《춘추春秋》를 지었다. 초楚나라의 굴원屈原은 쫓겨나 귀양살이하면서 《이소경離騷經》을 지었다. 노魯나라의 좌구명左丘明은 눈이 멀고 나서 《국어國語》가 있게 했다. 손자孫子(손빈)는 다리를 잘리고 난 뒤 《병법兵法》을 논했다. 여불위呂不韋는 촉蜀으로 쫓겨난 다음에 세상에 《여람呂覽》^⑤을 전했다. 한비韓非는 진秦나라에 구금되고서 〈세난說難〉과 〈고분孤憤〉을 남겼다. 《시경》의 시 300편은 대개 현인이나 성인이 분발해서 지어진 것이다. 이 사람들은 모두 마음에 답답하고 맺힌 것이 있어, 그 도道를 통할 수가 없었다. 그러므로 지나간 일을 기술하고 장차 오는 일을 생각한 것이다."

이에 (공자께서) 도당陶唐씨 이래以來 기린을 얻을 때까지^⑥ 기술하고 마쳤듯이 (한무제도) 흰 기린을 얻었으니 황제黃帝부터 시작했다.

於是論次其文 七年^①而太史公遭李陵之禍^② 幽於縲紲 乃喟然而歎曰

是余之罪也夫 是余之罪也夫 身毀不用矣 退而深惟曰 夫詩書隱約③者
欲遂其志之思也 昔西伯拘羑里④演周易 孔子戹陳蔡 作春秋 屈原放逐
著離騷 左丘失明 厥有國語 孫子臏脚 而論兵法 不韋遷蜀 世傳呂覽⑤
韓非囚秦 說難孤憤 詩三百篇 大抵賢聖發憤之所爲作也 此人皆意有
所鬱結 不得通其道也 故述往事 思來者 於是卒述陶唐以來 至于麟止⑥
自黃帝始

① 七年칠년

집해 서광이 말했다. "무제 천한天漢 3년이다."

徐廣曰 天漢三年

정의 살펴보니 태초 원년으로부터 천한 3년에 이르기까지는 7년이다.

案 從太初元年至天漢三年 乃七年也

② 李陵之禍이릉지화

정의 태사공太史公이 이릉李陵을 천거했는데, 이릉이 (흉노에) 항복한 것
이다.

太史公舉李陵 李陵降也

③ 隱約은약

색은 살펴보니 그 뜻이 은미하고 말이 간략한 것을 이른다.

案 謂其意隱微而言約也

정의 《시詩》,《서書》가 은미하고 간략하게 생략한 것은 사마천이 깊이
그 은미하고 간략한 것에 의지하여 자신의 뜻을 성취하고자 한 것이다.

詩書隱微而約省者 遷深惟欲依其隱約而成其志意也

④ 羑里유리

[집해] 서광이 말했다. "탕음湯陰에 있다."

徐廣曰 在湯陰

⑤ 呂覽여람

[정의] 곧《여씨춘추呂氏春秋》이다.

卽呂氏春秋也

⑥ 至于麟止지우린지

[집해] 장안이 말했다. "무제가 획린獲麟한 것을 사마천이 일을 기술하는 단서로 삼은 것이다. 위로 황제黃帝를 기록하고 아래로 인지麟止(기린이 이르다)에 이른 것은《춘추》가 획린獲麟에서 그친 것과 같다."

張晏曰 武帝獲麟 遷以爲述事之端 上紀黃帝 下至麟止 猶春秋止於獲麟也

[색은] 복건이 말했다. "무제가 옹雍 땅에 가서 백린白麟을 얻고서 금金을 주조해서 기린 발의 형상을 만들었다. 그러므로 '인지麟止'라고 일렀다. 사마천이《사기》를 짓는 것을 여기에서 중한 것은《춘추》가 기린을 얻은 연후에 끝마친 것과 같은 것이다."《사기》는 황제黃帝를 시작으로 삼고서 "술도당述陶唐"이라고 한 것은, 〈오제본기五帝本紀〉를 살펴보니 찬贊에 이르기를 "오제五帝는 너무 오래되었다. 그러나《상서尚書》는 요堯 임금 이래의 것만을 기재했고, 백가百家는 황제를 언급했지만 그 문장이 우아하거나 올바르지 않았다."라고 했기 때문에 황제를 기술해 〈본기本紀〉의 시작으로 삼았으나《상서尚書》가 우아하고 바른 까닭에 "기어도당

起於陶唐"이라고 일컬은 것이다.

服虔云 武帝至雍獲白麟 而鑄金作麟足形 故云 麟止 遷作史記止於此 猶春秋
終於獲麟然也 史記以黃帝爲首 而云述陶唐者 案五帝本紀贊云五帝尙矣 然尙
書載堯以來 百家言黃帝 其文不雅馴 故述黃帝爲本紀之首 而以尙書雅正 故稱
起於陶唐

〈본기〉와 〈표〉 및 〈서〉의 차례

오직 옛날의 황제黃帝는 하늘을 본받고 땅을 법칙으로 삼았는데, 전욱顓頊, 제곡帝嚳, 요堯, 순舜, 4명의 성인聖人[①]이 차례를 따라 각각 법도를 성취했다. 당唐의 요堯임금이 천자의 자리를 물려주었으나 우虞의 순舜임금은 기뻐하지[②] 않았다. 그러한 제왕의 공적을 아름답게 여겨서 이를 기록해서 길이 전할 것이다. 이에 〈오제본기五帝本紀〉[③]를 지어 첫 번째에 둔다.

우禹의 공적은 구주九州와 함께한 바이며 당唐과 우虞의 시대를 빛냈다. 하夏의 걸桀은 음란하고 교만해서 명조鳴條로 추방되었다. 이에 〈하본기夏本紀〉를 지어 두 번째에 둔다.

설契[④]이 상商나라를 일으켜 성탕成湯에까지 이르렀다. 태갑太甲이 동桐에 거처하여 덕이 아형阿衡 이윤伊尹에 의해 성대해졌다. 무정武丁이 부열傅說을 얻어서 이에 고종高宗으로 일컬어졌다. 제신帝辛(주紂)이 주색에 빠져 제후들이 따르지 않았다. 이에 〈은본기殷本紀〉을 지어 세 번째에 둔다.

기棄는 농사를 관장하는 직분을 일으켜 덕德이 서백西伯에게서 성대했다. 무왕武王이 목야牧野에서 진실로 천하를 진무했다.

유왕幽王과 여왕厲王이 혼란스럽게 하자 이미 풍酆과 호鎬에서 인심을 잃었다. 점점 쇠약해져 사왕赧王에 이르러 낙읍洛邑에서 제사가 끊어졌다. 이에 〈주본기周本紀〉를 지어 네 번째에 둔다.

維昔黃帝 法天則地 四聖①遵序 各成法度 唐堯遜位 虞舜不台② 厥美帝功 萬世載之 作五帝本紀③第一 維禹之功 九州攸同 光唐虞際 德流苗裔 夏桀淫驕 乃放鳴條 作夏本紀第二 維契④作商 爰及成湯 太甲居桐 德盛阿衡 武丁得說 乃稱高宗 帝辛湛湎 諸侯不享 作殷本紀第三 維棄作稷 德盛西伯 武王牧野 實撫天下 幽厲昏亂 旣喪酆鎬 陵遲至赧 洛邑不祀 作周本紀第四

① 四聖사성

집해 서광이 말했다. "전욱顓頊, 제곡帝嚳, 요堯, 순舜이다."

徐廣曰 顓頊 帝嚳 堯 舜

② 台이

색은 台의 발음은 '이怡'이고 열悅(기뻐하다)이다. 혹은 台의 발음은 '태胎'라고 하는데 잘못된 것이다.

台音怡 悅也 或音胎 非也

③ 五帝本紀오제본기

색은 응소가 말했다. "제본帝本에는 기紀가 있고, 세가世家에는 승계함이 있고, 연年에는 표表가 있고, 명성名聲에는 전傳이 있다."

應劭云 有本則紀 有家則代 有年則表 有名則傳

④ 契설

정의 契의 발음은 '설薛'이다.

音薛也

진秦나라의 선조 백예伯翳는 우왕禹王을 보좌했다. 목공穆公이 의
義를 생각해 효산殽山의 전투에서 죽은 자①를 슬퍼했다. 그가 죽
자 사람을 함께 순장했고, 《시詩》의 〈황조黃鳥〉 편을 노래했으며
소양왕昭襄王이 제업을 닦았다. 이에 〈진본기秦本紀〉를 지어 다섯
번째에 둔다.

진시황秦始皇이 이미 즉위한 뒤 6개국을 겸병兼幷하고 칼날을 녹
여서 종을 만들어② 방패와 병기를 못 쓰게 하였다. 호칭을 높이
고 제帝라고 일컫고 무武를 자랑하고 힘에 맡겼다. 이세二世(호해)
가 국운을 이어받았으나 자영子嬰이 한漢나라에 항복해 포로가
되었다. 이에 〈시황본기始皇本紀〉를 지어 여섯 번째에 둔다.

진秦나라가 그의 도를 잃자 호걸들이 함께 천하를 소란스럽게 했
다. 항량項梁이 군사를 일으켰고 자우子羽가 뒤를 이었다. 상장군
인 경자관군慶子冠軍 송의宋義를 죽이고 조나라를 구원하자③ 제
후들이 항우를 세웠다. 자영을 죽이고 초회왕楚懷王을 배신하자
천하 사람들이 그를 비난했다. 이에 〈항우본기項羽本紀〉를 지어
일곱 번째에 둔다.

維秦之先 伯翳佐禹 穆公思義 悼豪之旅① 以人爲殉 詩歌黃鳥 昭襄業
帝 作秦本紀第五 始皇旣立 幷兼六國 銷鋒鑄鐻② 維偃干革 尊號稱帝

> 矜武任力 二世受運 子嬰降虜 作始皇本紀第六 秦失其道 豪桀竝擾 項
> 梁業之 子羽接之 殺慶救趙③ 諸侯立之 誅嬰背懷 天下非之 作項羽本
> 紀第七

① 豪之旅호지려

색은 살펴보니 호豪는 곧 '효崤'의 다른 발음이다. 여旅는 군대이다.

案 豪卽崤之異音 旅 師旅也

정의 목공이 효산崤山에 군대의 시체를 묻어주었다.

穆公封崤山軍旅之尸

② 銷鋒鑄鐻소봉주거

집해 서광이 말했다. "엄안嚴安이 글을 올려서 그 병기를 녹여 주조해
종을 만들었다."

徐廣曰 嚴安上書 銷其兵鑄以爲鍾鐻也

색은 뒷 글자 鐻의 발음은 '거巨'이다. 거鐻는 종鍾이다.

下音巨 鐻 鍾也

③ 殺慶救趙살경구조

집해 서광이 말했다. "송의宋義가 상장上將이 되어서 경자관군慶子冠軍
으로 호칭했다."

徐廣曰 宋義爲上將 號慶子冠軍

자우子羽(항우)가 포학했으나 한나라는 공덕을 행했다. 촉한蜀漢 땅에서 분발해서 삼진三秦을 평정했다. 항적(항우)을 처단하고 제업帝業을 이루니, 천하가 편안해졌으며 제도를 고치고 풍속을 바꾸었다. 이에 〈고조본기高祖本紀〉을 지어 여덟 번째에 둔다.

혜제惠帝가 일찍 죽자[①] 여러 여씨呂氏가 백성에게 기쁨[②]을 주지 못했다. 여산呂産과 여록如祿의 지위가 높아지고 권세가 강력해지자 제후들이 이를 도모했다. 은왕隱王 여의如意를 죽이고 유왕幽王 우友를 유폐하자[③] 대신들이 모두 의심해서[④] 마침내 종족에 화가 미쳤다. 이에 〈여태후본기呂太后本紀〉를 지어 아홉 번째에 둔다.

한나라가 초기에 부흥한 뒤로, 후사를 계승하는 것이 분명하지 못했다. 대왕代王을 맞이해 천자의 자리에 오르게 하자 천하의 민심이 돌아왔다. 육형肉刑을 없애고 관문關門과 교량을 개통시켰으며 널리 은혜를 베푸니, 그를 태종太宗이라고 칭했다. 이에 〈효문제본기孝文帝本紀〉를 지어 열 번째에 둔다.

제후들이 교만하고 방자해져서 오吳나라에서 먼저 난을 일으켰다. 경사京師에서 토벌하자 오吳와 초楚 등 7개국이 자백을 하고 처벌을 받았다. 천하가 화목해져 크게 안정되었고 번성해져 부유했다. 이에 〈효경제본기孝景帝本紀〉를 지어 열한 번째에 둔다.

한나라가 일어난 지 5대인데 융성해진 것은 무제의 건원建元 연간에 있었다. 밖으로 오랑캐들을 물리치고 안으로 법도를 닦아, 태산泰山에서 봉선封禪하고 정삭正朔을 고치고 의복의 색깔을 바꾸었다. 이에 〈금상본기今上本紀〉를 지어 열두 번째에 둔다.

子羽暴虐 漢行功德 憤發蜀漢 還定三秦 誅籍業帝 天下惟寧 改制易俗

作高祖本紀第八 惠之早霣① 諸呂不台② 崇彊祿産 諸侯謀之 殺隱幽

友③ 大臣洞疑④ 遂及宗禍 作呂太后本紀第九 漢旣初興 繼嗣不明 迎王

踐祚 天下歸心 蠲除肉刑 開通關梁 廣恩博施 厥稱太宗 作孝文本紀第

十 諸侯驕恣 吳首爲亂 京師行誅 七國伏辜 天下翕然 大安殷富 作孝景

本紀第十一 漢興五世 隆在建元 外攘夷狄 內脩法度 封禪 改正朔 易服

色 作今上本紀第十二

① 霣운

[정의] 霣의 발음은 '운殞'이다.

音殞

② 台이

[집해] 서광이 말했다. "기쁘게 보좌하는 덕이 없는 것이다. 일설에는 이怡는 역懌(기쁘다)으로 백성을 기쁘게 하지 못한 것이라고 했다."

徐廣曰 無台輔之德也 一曰 怡 懌也 不爲百姓所說

[색은] 서광이 말했다. 台의 발음은 '태胎'라고 했는데 잘못이다. 살펴보니 台의 발음은 '이怡'라고 했다. 이는 본래의 운韻에서 밝힌 것이니 곧 이怡는 '기쁘다'의 뜻이 옳다.

徐廣音胎 非也 案 一音怡 此贊本韻 則怡懌爲是

③ 殺隱幽友살은유우

[집해] 서광이 말했다. "조은왕趙隱王 여의如意와 조유왕趙幽王 우友이다."

徐廣曰 趙隱王如意 趙幽王友

신주 조은왕趙隱王 여의는 고조高祖의 셋째 아들이며 어머니가 척부인戚夫人이다. 고조가 죽고 영영이 혜제로 즉위하자 여후에 의해 독살되었다. 조유왕趙幽王 유우劉友는 고조의 여섯째 아들이다. 여태후에게 소환되어 장안으로 가서 감금되어 굶어 죽었는데, 여씨의 횡포를 비난하고 저주하는 노래를 지었다. 은왕과 유왕은 〈여태후본기〉에 자세히 기록되어 있다.

④ 洞疑통의

색은 살펴보건대 통洞은 명확히 안다는 것을 뜻하니, 함께 의심하는 바를 말한 것이다.

案 洞是洞達爲義 言所共疑也

하夏, 은殷, 주周의 3대三代는 아주 옛날이어서 연기年紀를 고찰할 수는 없다. 대개 보첩譜牒이나 옛 소문에서 취하고 여기에 근본을 두어 대략 미루었다. 이에 〈삼대세표三代世表〉을 지어 첫 번째로 둔다.

유왕幽王과 여왕厲王의 뒤로 주나라 왕실이 쇠약해지고 제후들이 정사를 멋대로 했다. 《춘추》에서도 기록하지 못한 것들이 있다. 보첩의 경략에는 오패五霸①가 번갈아 성대하고 쇠약했다. 이에 주周나라 왕조의 선후의 뜻을 살펴보고자 했다. 이에 〈십이제후년표十二諸侯年表〉를 지어 두 번째에 둔다.

춘추시대春秋時代 이후로 배신陪臣들이 정권을 잡고 강성한 나라들이 서로 왕을 했다. 진秦나라에 이르러 마침내 제하諸夏(중국)를 겸병하여 봉지封地를 없애고 그 호칭을 멋대로 했다.[2] 이에 〈육국연표六國年表〉를 지어 세 번째에 둔다.

진秦나라가 이미 포악해지자 초楚나라 사람 진승陳勝과 오광이 반란을 일으켰다. 항씨가 마침내 어지럽히니, 한漢나라에서 의의義에 부지해서 정벌했다. 8년 동안 천하가 세 번 바뀌었고 일은 번다하고 변화가 많았다. 그러므로 상세하게 〈진초지제월표秦楚之際月表〉를 지어 네 번째에 둔다.

한나라가 일어난 이래로 무제武帝의 태초太初 연간까지 100년 동안 제후들이 폐위되고 즉위하고 분봉分封되고 삭감당하기도 하였지만[3] 기록된 것이 분명치가 않고, 유사有司들은 자취가 희미해서 강약의 원리대로 일렀을 뿐이다.[4] 이에 〈한흥이래제후연표漢興已來諸侯年表〉를 지어 다섯 번째에 둔다.

維三代尚矣 年紀不可考 蓋取之譜牒舊聞 本于茲 於是略推 作三代世表第一 幽厲之後 周室衰微 諸侯專政 春秋有所不紀 而譜牒經略 五霸[1]更盛衰 欲睹周世相先後之意 作十二諸侯年表第二 春秋之後 陪臣秉政 彊國相王 以至于秦 卒幷諸夏 滅封地 擅其號[2] 作六國年表第三 秦旣暴虐 楚人發難 項氏遂亂 漢乃扶義征伐 八年之間 天下三嬗 事繁變衆 故詳著秦楚之際月表第四 漢興已來 至于太初百年 諸侯廢立分削[3] 譜紀不明 有司靡踵 彊弱之原云以世[4] 作漢興已來諸侯年表第五

① 五霸오패

신주 춘추春秋시대 다섯 나라의 패자霸者를 일컬으며, 이를 '춘추오패'

로 통칭한다. 주나라 초기에 1,000여 개나 되던 제후국들이 다투어 겸병
하면서 120여 개로 줄었다가, 다시 제齊, 연燕, 진晉, 진秦, 노魯, 송宋, 정
鄭, 진陳, 채蔡, 초楚, 오吳, 월越 등의 12개국이 되었는데, 이때부터 본격
적으로 패권을 다투어 결국 다섯 명의 제후가 번갈아 패권을 차지했다.
그런데 이를 기록한 사람에 따라 약간씩 다르다. 《순자荀子》〈왕패王霸〉
에는 제환공齊桓公, 진문공晉文公, 초장왕楚莊王, 오왕吳王 합려闔閭, 월왕
越王 구천勾踐을 패자로 꼽았고, 왕포王褒의 《사자강덕론四子講德論》에는
제환공齊桓公, 진문공晉文公, 진목공秦穆公, 초장왕楚莊王, 월왕越王 구천
勾踐을 패자로 꼽았으며, 《백호통》〈호〉에는 제환공齊桓公, 진문공晉文公,
진목공秦穆公, 송양공宋襄公, 초장왕楚莊王을 패자로 기록하고 있다. 그
외에도 여러 설이 있다.

② 滅封地 擅其號멸봉지 천기호

신주 진秦나라가 마침내 6국(초楚, 연燕, 제齊, 한韓, 위魏, 조趙)을 무너뜨리
고 천하를 차지하자 진왕 정政은 주나라 때의 봉건제를 없애고 군현제를
실시했으며, 호칭도 황제皇帝로 고쳐 자신은 시황제로 호칭했다.

③ 分削분삭

신주 〈삭번책削藩策〉을 말한다. 한나라 경제 때 조조晁錯의 〈삭번책削
藩策〉을 받아들여 시행했다. 삭번책이란 제후의 봉지를 나누거나 삭감해
서 제후의 세력을 감소시키려는 정책으로, 결국 이것을 빌미로 반발해서
오초칠국의 난이 일어나게 된다.

④ 靡踵彊弱之原云以世미종강약지원운이세

집해 서광이 말했다. "운이云以는 다른 판본에는 '운이云已'로 되어 있다. 〈한서전漢序傳〉에는 '창敞과 의義는 곽霍에 의지해서 거의 일렀을 따름이다.'로 되어 있다."

徐廣曰 一作云已也 (天)漢序 (傳)曰 敞義依霍 庶幾云已

색은 살펴보니 종踵은 계繼를 이른다. '이以' 자는 마땅히 '이已'가 되고 '세世' 자는 마땅히 '야也'가 되어야 하니, 나란히 잘못되었을 뿐이다. 운云과 이已와 야也 자는 모두 어조사語助辭이다.

案 踵謂繼也 以字當作已 世當作也 竝誤耳 云 已 也 皆語助之辭也

정의 한나라가 일어난 이래로 100년 동안 제후의 폐립廢立하고 분삭分削한 것을 보기譜紀에서 그 계승한 것을 밝힐 수가 없고, 유사有司가 그 후손들이 계승된 바를 알 수 없어서 이에 강성하고 허약한 근원에 따라 운운하여 대대로 서로 교체됨으로써 기록이 있을 수 없음을 말한 것이다.

言漢興已來百年 諸侯廢立分削 譜紀不能明其嗣 有司無所踵繼其後 乃云彊弱之原云以世相代 (相)不能有所錄紀也

고조高祖의 공신功臣으로 보좌한 신하나 고굉의 신하들은 부절符節을 쪼개 받고 작위를 받아 은택이 자손에게까지 흘렀으나, 그들이 대대로 전해진 소昭와 목穆을 잊었으며, 혹은 자신을 죽게 만들고 국가를 망하게 하기도 했다. 이에 〈고조공신후자연표高祖功臣侯者年表〉를 지어 여섯 번째에 둔다.

혜제惠帝와 경제景帝의 사이에 공신들과 종속들에게 작위와 봉읍을 거듭 베풀었다. 이에 〈혜경간후자연표惠景間侯者年表〉를 지어 일곱 번째에 둔다.

북쪽으로 강력한 오랑캐를 토벌하고 남쪽으로 굳센 월越나라를 처단하여 만이蠻夷들을 정벌하였으니[1] 무공武功에 따라 제후의 반열에 올랐다. 이에 〈건원이래후자연표建元以來侯者年表〉를 지어 여덟 번째에 둔다.

제후들이 이미 강성해져서 7국이 연합하여 난을 일으켰다.[2] 제후들의 자제들이 많아지자 작위와 봉읍이 부족하였다. 은혜를 미루어 의를 행하도록 하자 그들의 세력이 깎이고 약해져서 덕이 경사京師로 돌아가게 되었다. 이에 〈왕자후자연표王者侯者年表〉를 지어 아홉 번째에 둔다.

국가에는 어진 재상과 유능한 장수가 있어 백성의 사표가 된다. 한나라가 일어난 뒤로 장수와 재상과 명성 있는 신하들의 연표를 만들어 나타내어 어진 이에 대해서는 그의 다스림을 기록하고 현명하지 못한 자들은 그의 일을 밝혔다. 이에 〈한흥이래장상명신연표漢興以來將相名臣年表〉를 지어 열 번째에 둔다.

維高祖元功 輔臣股肱 剖符而爵 澤流苗裔 忘其昭穆 或殺身隕國 作高祖功臣侯者年表第六 惠景之間 維申功臣宗屬爵邑 作惠景間侯者年表第七 北討彊胡 南誅勁越 征伐夷蠻[1] 武功爰列 作建元以來侯者年表第八 諸侯旣彊 七國爲從[2] 子弟衆多 無爵封邑 推恩行義 其埶銷弱 德歸京師 作王子侯者年表第九 國有賢相良將 民之師表也 維見漢興以來將相名臣年表 賢者記其治 不賢者彰其事 作漢興以來將相名臣年表第十

① 北討彊胡 ~ 征伐夷蠻북토강호~정벌이만

신주 위청衛靑, 이광李廣, 곽거병霍去病 등의 명장들을 내세워서 한고조 시절부터 한나라와 대립하던 흉노족과 남월 정복하고, 조선을 정벌했으며, 장건張騫을 서역으로 보내 교류하게 하는 등 대외적으로 활발하게 활동했다. 이와 관련한 이야기는 〈흉노열전〉, 〈조선열전〉, 〈남월열전〉, 〈동월열전〉, 〈대원열전〉에 자세히 기록해 놓았다.

② 七國爲從칠국위종
신주 오초칠국吳楚七國의 난을 가리킨다.

하夏, 은殷, 주周의 3대의 예禮는 각각 덜 것은 덜고 보탤 것은 보탰으며, 각각 힘쓴 부분이 달랐다. 그러나 요지는 성정을 가까이 하고 왕도王道와 통하게 하는 것이므로 예禮는 사람들의 본질을 따라 절문節文으로 삼아 대략 고금의 변화에 어울리게 하는 것이다. 이에 〈예서禮書〉를 지어 첫 번째에 둔다.

음악이란 풍속을 바꾸고 습속을 바꾸는 것이다. 아雅와 송頌이 흥성하였을 때부터 이미 정음鄭音과 위음衛音까지 좋아하였으니, 정鄭과 위衛의 음악은 그 유래가 오래되었다. 인정에서 느끼는 바는 풍속이 멀어도 품게 한다.① 이미 악서樂書에 견주어 옛날부터 전해오는 것②들을 기술했다. 이에 〈악서樂書〉를 지어 두 번째에 둔다.

군사가 아니면 강성하지 못하고③ 덕이 아니면 번성하지 못한다. 황제黃帝와 탕왕湯王과 무왕武王④은 이로써 흥했고, 걸桀과 주紂와 이세二世는 이로써 무너졌으니 신중하지 않을 수 있겠는가. 《사마법司馬法》은 유래된 바가 오래되었다.⑤ 태공망太公望과 손빈孫臏과 오기吳起와 왕자성보王子成甫⑥는 계승해서 밝힐 수 있었는데, 근세에 더욱 간절하게 인사人事의 변화를 극진하게 하였다. 이에 〈율서律書〉를 지어 세 번째에 둔다.

維三代之禮 所損益各殊務 然要以近性情 通王道 故禮因人質爲之節文 略協古今之變 作禮書第一 樂者 所以移風易俗也 自雅頌聲興 則已好鄭衞之音 鄭衞之音所從來久矣 人情之所感 遠俗則懷① 比樂書以述來古② 作樂書第二 非兵不彊③ 非德不昌 黃帝湯武④以興 桀紂二世以崩 可不愼歟 司馬法所從來尙矣⑤ 太公孫吳王子⑥能紹而明之 切近世極人變 作律書第三

① 遠俗則懷 원속즉회

집해 서광이 말했다. "악樂이란 인정을 감화시키는 것이다. 인정이 이미 감동하면 먼 지방의 다른 풍속이라도 회유해서 교화하지 못하는 것이 없다."

徐廣曰 樂者所以感和人情 人情旣感 則遠方殊俗莫不懷柔向化也

② 來古 내고

색은 살펴보니 내고來古는 곧 고래古來이다. 〈악서樂書〉에 견주어 옛날부터 지금까지 음악의 흥성하고 쇠망한 것을 기술했음을 말한 것이다.

案 來古卽古來也 言比樂書以述自古已來樂之興衰也

③ 非兵不彊비병불강

색은 살펴보니 이 〈율서律書〉의 찬贊에서 이르기를 '비병불강非兵不彊'
이라고 이른 것은 곧 이 〈율서〉는 곧 〈병서兵書〉이다. 옛날에 군사가 출
동하는 것은 율律로써 한즉 무릇 군대는 모두 율성律聲을 듣고 출동했
다. 그러므로 "성효聲效와 승부勝負를 듣고 적을 바라보면 길흉을 안다."
라고 일렀다.

案 此律書之贊 而云非兵不強者 則此律書卽兵書也 古者師出以律 則凡出軍皆
聽律聲 故云聞聲效勝負 望敵知吉凶也

④ 黃帝湯武황제탕무

색은 황제는 판천版泉의 군사가 있었고, 탕왕湯王과 무왕武王은 명조鳴
條와 목야牧野의 전쟁에 있어 걸桀과 주紂에게 승리했다.

黃帝有版泉之師 湯武有鳴條牧野之戰而克桀紂

⑤ 司馬法所從來尙矣사마법소종래상의

정의 옛날에 군사의 출동은 율律로써 했는데, 무릇 군대는 모두 율을
불면 소리를 듣고 출동했다. 〈율서律書〉에 이르기를 "육률六律은 만사萬
事의 근본이 되어서 그 병기와 장비에 대해서 더욱 소중하게 여겼다. 이
에 적을 바라보면 길하고 흉한 것을 알았고 소리를 들으면 승부가 드러냈
다."라고 한 것이다. 이 때문에 "사마병법은 유래된 바가 오래되었다."라
고 이른 것인가.

古者師出以律 凡軍出皆吹律聽聲 律書云 六律爲萬事根本 其於兵械尤所重 望
敵知吉凶 聞聲效勝負 故云 司馬兵法所從來尙矣乎

⑥ 王子왕자

[집해] 서광이 말했다. "왕자성보王子成甫이다."

徐廣曰 王子成甫

율律은 음陰에 있으면서 양陽을 다스리고, 역曆은 양陽에 있으면서 음陰을 다스린다. 율력律歷은 번갈아 서로 다스려 조금의 틈도① 용납하지 않는다. 오가五家의 율력은 서로 달라서② 오직 태초太初 연간에 논한 것③을 근본으로 삼았다. 이에 〈역서曆書〉를 지어 네 번째에 둔다.

성신星辰과 기후에 관한 책은 대다수 길흉화복이 섞여 있어 따를 만한 것이 못 된다. 그 문장을 미루어서 그 호응하는 것을 고찰해 보아도 다르지 않다. 의논한 것을 모아 비교하고 그 일을 행하여 법도를 징험하고 차례했다. 이에 〈천관서天官書〉를 지어 다섯 번째에 둔다.

律居陰而治陽 曆居陽而治陰 律曆更相治 間不容翲忽① 五家之文怫異② 維太初之元論③ 作曆書第四 星氣之書 多雜禨祥 不經 推其文 考其應 不殊 比集論其行事 驗于軌度以次 作天官書第五

---

① 翲忽표홀

[색은] 살펴보니 홀忽은 모든 결이 촘촘한 것이다. 표翲는 가벼운 것이다. 율력律曆은 음양의 미묘한 것을 궁구하고, 그 사이에는 사홀絲忽도 용납하지 않는다. '표翲' 자를 말한 것은 아마도 연문衍文일 뿐이다.

案 忽者 總文之微也 翲者 輕也 言律曆窮陰陽之妙 其間不容絲忽也 言翲 恐衍字耳

정의 翲의 발음은 '표[匹遙反]'이다. 지금 翲의 발음은 '포[匹沼反]'이다. 글자가 마땅히 '묘秒'가 되어야 한다. 묘秒는 벼의 까끄라기이다. 홀忽은 한 마리의 누에의 입에서 나오는 한 올의 실이다. 율력律曆은 서로 다스려지는 사이에는 미세한 물건조차 용납하지 않는다는 말이다.

翲 匹遙反 今音匹沼反 字當作秒 秒 禾芒表也 忽 一蠶口出絲也 言律曆相治之間 不容比微細之物也

② 怫異불이
색은 怫의 발음은 '패悖' 또는 '불[扶物反]'이다. 불怫은 또한 패悖이다. 금목수화토金木水火土의 오가五家의 율력이 각각 서로 어긋나서 같지 않음을 말한다.

怫音悖 一音扶物反 怫亦悖也 言金木水火土五家之文 各相悖異不同也

정의 오가五家는 황제黃帝, 전욱顓頊, 하夏, 은殷, 주周의 역曆을 이르는 것인데, 그 글이 서로 거슬리고 괴이하여 같지 않다. 오직 태초太初 연간에 논한 역률曆律이 올바랐기 때문에 〈역서曆書〉는 태초太初 연간에 논한 것을 근원으로 삼았다.

五家謂黃帝顓頊夏殷周之曆 其文相戾 乖異不同 維太初之元論曆律爲是 故曆書自太初之元論之也

③ 論논
집해 서광이 말했다. "논論은 다른 판본에는 '편編'으로 되어 있다."
徐廣曰 論 一作編

천명을 받아 왕이 되어서 봉선封禪의 부서符瑞를 드물게[1] 썼는데, 쓰면 온갖 신령 중 제사를 받지 않음이 없었다. 그래서 모든 신령이나 명산이나 대천大川의 예禮를 근본으로 해서 따랐다. 이에 〈봉선서封禪書〉를 지어 여섯 번째에 둔다.

우禹임금이 하천을 준설해서 구주九州가 편안해졌다. 이에 선방궁宣房宮에 이르러서는 봇도랑을 트고 큰 도랑을 뚫었다. 이에 〈하거서河渠書〉를 지어 일곱 번째에 둔다.

화폐가 발행되면서[2] 농업과 상업이 유통하게 되었다. 유통이 극함에 이르면 솜씨를 부려서[3] 자산을 겸병하고 이자를 불려서 투기하여 이익을 다투며 본업인 농업을 버리고 말업인 상업을 쫓게 된다. 이에 사업의 변이를 관찰하기 위해서 〈평준서平準書〉를 지어 여덟 번째에 둔다.

受命而王 封禪之符罕[1]用 用則萬靈罔不禋祀 追本諸神名山大川禮 作封禪書第六 維禹浚川 九州攸寧 爰及宣防 決瀆通溝 作河渠書第七 維幣之行[2] 以通農商 其極則玩巧[3] 幷兼茲殖 爭於機利 去本趨末 作平準書以觀事變 第八

① 符罕부한

[집해] 서광이 말했다. "일설에는 '답응答應'으로 되어 있다."

徐廣曰 一云答應

② 維幣之行유폐지행

[색은] 유폐지행維幣之行이다. 幣의 발음은 '폐백幣帛'의 '폐幣'이고 전錢

(돈)이다.

維幣之行 上幣音幣帛之幣 錢也

③ 玩巧완교

[색은] 원교杬巧이다. 앞 글자 玩의 발음은 '완[五官反]'이고 뒷 글자 巧의
발음은 '교[苦孝反]'이다.

杬巧 上五官反 下苦孝反

제四장

〈세가〉의 차례

태백太伯은 계력季歷을 피해 강수江水가 있는 오랑캐의 땅으로 갔
다. 문왕과 무왕이 이에 일어나 고공단보古公亶父의 왕업을 따랐
다. 합려가 요僚를 죽이고 형초荊楚에 공물을 바치게 했다. 부차
夫差가 제나라를 이기고 오자서는 죽어 술 담는 가죽 부대에 넣
어졌다. 태재비太宰嚭를 믿고 월나라를 가까이했다가 오吳나라는
이윽고 멸망했다. 태백이 (계력에게) 나라를 양보하는 것을 아름답
게 여겼다. 이에 〈오세가吳世家〉를 지어 첫 번째에 둔다.
신申나라와 여呂나라가 점점 쇠약해지자① 상보尙父(태공망)는 미천
해져서 마침내 서백西伯에게 귀환하자 문왕과 무왕이 스승으로
섬겼다. 공로가 여러 공公보다 으뜸으로 권모술수로 엮는 것을 은
밀하게 했다.② 위엄 있는 누런 머리③로 영구營丘에서 여생을 누
렸다. 가柯 땅에서의 맹세를 저버리지 않아 환공桓公이 창성했으
며, 아홉 번이나 제후들을 규합시키고 패자霸者의 공로를 빛냈다.
전씨田氏와 감씨闞氏가 군주의 총애를 다투어 강씨 성姓은 해체되
어 망했다.④ 상보尙父의 계책을 아름답게 여겼다. 이에 〈제태공세
가齊太公世家〉를 지어 두 번째에 둔다.

(무왕武王이 죽고 성왕成王이 즉위하자) 어떤 자들은 의지하고 어떤 자들은 배신했는데, 주공周公이 안정시켰다. 이에 분발해 문덕文德을 펼치니 천하가 화락했다. 성왕成王을 보좌해서 제후들이 주나라를 종주로 삼았다. 은공隱公과 환공桓公의 시대에는 이 홀로 무슨 일 있었던 것인가. 삼환三桓(맹손씨孟孫氏, 중손씨仲孫氏, 계손씨季孫氏)이 강성한 것을 다투자 노나라가 이에 번창하지 못했다. 주공단周公旦의 금등金縢의 글을 아름답게 여겼다. 이에 〈주공세가周公世家〉를 지어 세 번째에 둔다.

太伯避歷 江蠻是適 文武攸興 古公王跡 闔廬弑僚 賓服荊楚 夫差克齊 子胥鴟夷 信噽親越 吳國旣滅 嘉伯之讓 作吳世家第一 申呂肖①矣 尚父側微 卒歸西伯 文武是師 功冠群公 繆權于幽② 番番黃髮③ 爰饗營丘 不背柯盟 桓公以昌 九合諸侯 霸功顯彰 田闞爭寵 姜姓解亡④ 嘉父之謀 作齊太公世家第二 依之違之 周公綏之 憤發文德 天下和之 輔翼成王 諸侯宗周 隱桓之際 是獨何哉 三桓爭彊 魯乃不昌 嘉旦金縢 作周公世家第三

① 肖소

집해 서광은 말했다. "肖의 발음은 '소痟'이다. 소痟는 쇠미衰微(쇠미하다)와 같다."

徐廣曰 肖音痟 痟猶衰微

색은 살펴보니 집해 주석에서 서광은 "肖의 발음은 '소痟'이다. 소痟는 쇠미衰微와 같다."고 했는데 그 음훈音訓이 나온 바를 알지 못하겠다. 지금 살펴보니 소肖는 미약해서 덜어져 적어진 것을 이른다. 이른바 "신

申과 려呂가 비록 쇠미해졌으나[申呂雖衰]"인 것이다.

案 徐廣注肖音痟 痟猶衰微 其音訓不可知從出也 今案 肖謂微弱而省少 所謂
申呂雖衰也

정의 肖의 발음은 '소痟'이다. 여상呂尙의 선조는 신申에 봉해졌다. 신申
과 여呂의 후예가 소미痟微했다. 이 때문에 상보尙父도 미천해졌다고 한
것이다.

肖音痟 呂尙之祖封於申 申呂後痟微 故尙父微賤也

② 繆權于幽무권우유

집해 서광이 말했다. "무繆는 착錯(섞다)인데, 오히려 동여매는 것을 이
른다. 지혜를 저울질하고 계책을 숨겨서 어둡게 해 드러내지 않는 것이
고 이른바 태공음모太公陰謀이다."

徐廣曰 繆 錯也 猶云纏結也 權智潛謀 幽昧不顯 所謂太公陰謀

색은 살펴보니 무繆는 주무綢繆(서로 얽혀 떨어지지 않는다)를 이르며 繆의
발음은 '무[亡又反]'이다. 또 태공太公의 주무綢繆를 이른 것은 권모權謀가
그윽하고 어두워 밝게 드러나지 않는 것을 태공太公의 음모陰謀라고 이
른다.

案 繆謂綢繆也 音亡又反 又謂太公綢繆 爲權謀於幽昧不明著 謂太公之陰謀也

정의 繆의 발음은 '묘[武彪反]'이다. 여상呂尙의 그윽한 권모술책에 얽혀
있는 것을 말하며 〈육도六韜〉, 〈삼략三略〉, 〈음부陰符〉, 〈칠술七術〉의 등속
을 이른다.

繆音武彪反 言呂尙綢繆於幽權之策 謂六韜三略陰符七術之屬也

③ 番番黃髮파파황발

集解 番의 발음은 '파婆'이다. 모장毛萇이 말했다. "파파番番는 위엄과 용맹의 씩씩한 모습이다." 살펴보니 황발黃髮은 노인의 흰 머리가 바뀌어 누르스름해지는 것을 말한다.

番音婆 毛萇云 番番 威勇武貌也 案 黃髮 言老人髮白而更黃也

④ 田闞爭寵 姜姓解亡전감쟁총 강성해망

集解 서광이 말했다. "감闞은 일설에는 '감監'으로 되어 있다. 해解는 다른 판본에는 '천遷'으로 되어 있다."

徐廣曰 闞 一云監 解 一作遷

무왕武王이 주紂를 토벌하여 승리했지만, 천하가 화합하기도 전에 무왕이 붕어했다. 성왕成王이 이미 어리자 관숙管叔과 채숙蔡叔이 의심하고 회이淮夷가 배반했다. 이에 소공召公이 덕을 거느려 왕실을 편안하게 하고 동쪽의 토지를 안정시켰으나, 연왕燕王 쾌噲의 선위禪位①는 화란禍亂을 일으켰다. 이에 '감당甘棠'의 시를 아름답게 여겼다. 이에 〈연세가燕世家〉를 지어 네 번째에 둔다.

관숙管叔과 채숙蔡叔이 무경武庚을 도와 장차 옛 상商나라를 안정시키고자 했다. 주공단이 섭정함에 이르러 관숙과 채숙은 제사를 받들지 않았다. 이에 관숙선管叔鮮을 살해하고 채숙도蔡叔度를 추방하며② 주공은 맹약했다. 태임太任은 10명의 아들을 낳았으며③ 주周나라가 으뜸으로 강성해졌다. 채중蔡仲④이 뉘우친 것을 가상하게 여겼다. 이에 〈관채세가管蔡世家〉를 지어 다섯 번째에 둔다.

왕자王者의 후손이 단절되지 않았으니 순임금과 우임금이 기뻐할 일이다. 오직 덕이 아름답고 밝으니 후손들이 공렬을 입고 100대 동안 제사를 봉양 받았다. 이에 주周나라 때의 진陳(순舜 임금의 후손)과 기杞(우禹의 후손)였는데, 초楚나라가 실로 그들을 멸망시켰다. 이때 제齊나라에는 전씨田氏(진陳의 후예)가 이미 일어났으니, 순임금은 어떤 사람이었는가? 이에 〈진기세가陳杞世家〉를 지어 여섯 번째에 둔다.

武王克紂 天下未協而崩 成王旣幼 管蔡疑之 淮夷叛之 於是召公率德 安集王室 以寧東土 燕(易)〔噲〕之禪 ① 乃成禍亂 嘉甘棠之詩 作燕世家 第四 管蔡相武庚 將寧舊商 及旦攝政 二叔不饗 殺鮮放度 ② 周公爲盟 大任十子 ③ 周以宗彊 嘉仲 ④ 悔過 作管蔡世家第五 王後不絕 舜禹是說 維德休明 苗裔蒙烈 百世享祀 爰周陳杞 楚實滅之 齊田旣起 舜何人哉 作陳杞世家第六

① 噲之禪쾌지선
[색은] 왕쾌王噲가 그의 재상 자지子之에게 선양했으나 뒤에 마침내 나라가 위태하고 어지러워졌다.
謂王噲禪其相子之 後卒危亂也

② 殺鮮放度살선방도
[색은] 살펴보니 계가系家에 "관숙管叔의 이름은 선鮮이고, 채숙蔡叔의 이름은 도度이고, 곽숙霍叔의 이름은 처處이다."라고 일렀다.
案 系家云 管叔名鮮 蔡叔名度 霍叔名處也

③ 大任十子태임십자

색은 태임太任은 문왕의 비妃이다. 십자十子는 백읍고伯邑考, 무왕武王, 관管, 채蔡, 곽霍, 노魯, 위衛, 모毛, 담聃, 조曹가 이들이다.
太任 文王妃 十子 伯邑考武王管蔡霍魯衛毛聃曹是也

④ 仲중

정의 채숙도蔡叔度의 아들 채중蔡仲이다.
蔡叔度之子蔡仲也

은殷나라의 남은 백성을 거두고 강숙康叔(무왕의 동생)을 봉해서 처음으로 도읍하게 했다. 강숙에게 상商나라의 주왕紂王이 무도한 것을 훈계시키고 《서경》의 '주고酒誥'와 '자재梓材'로 알렸는데, 삭朔이 태어남에 이르러 위衛나라의 경공頃公①은 편안하지 못했다. 남자南子(영공靈公의 부인)가 태자인 괴외蒯聵를 미워하자 아들과 아버지가 명분을 바꾸었다. 주나라 왕실의 덕이 쇠약해져서 전국戰國들이 이미 강성해졌다. 위나라는 작고 허약해져서 각角의 시대에 이르러 홀로 뒤에 멸망했다. 저 '강고康誥'를 아름답게 여겼다. 이에 〈위세가衛世家〉를 지어 일곱 번째에 둔다.
슬프다! 기자여! 슬프다! 기자여! 바른말이 채용되지 못하고 도리어 노예가 되었다. 무경武庚이 이미 죽고 주周나라는 미자微子를 봉했다. 양공襄公이 홍수泓水 땅②에서 패배를 당하였으나 군자君子라면 누구나 칭찬했다. 경공景公이 겸손하고 덕스러워서

형혹성熒惑星(화성火星)이 뒤로 운행을 물렀다. 척성군翟成君③이 포
학하게 하자 송宋나라가 이에 멸망했다. 미자가 태사太師(기자箕子)
에게 질문한 것을 아름답게 여겼다. 이에 〈송미자세가宋微子世家〉
를 지어 여덟 번째에 둔다.

무왕이 이미 붕어하고 숙우叔虞(성왕의 동생)가 봉해져 당唐에 도읍
했다. 군자君子들이 이름을 기롱하였고④ 마침내 무공武公에게 멸
망당했다. 헌공獻公이 여희驪姬와 사랑에 빠지자 5대 동안 어지러
워졌다. 공자公子 중이重耳가 뜻을 얻지 못하고 떠돌아다녔으나
능히 패업霸業을 성취했다. 6명의 경卿⑤들이 정권을 장악하니 진
晉나라는 힘이 소모되었다. 진晉나라의 문공文公에게 천자天子가
규珪와 울창주를 내린 것을 아름답게 여겼다. 이에 〈진세가晉世
家〉를 지어 아홉 번째에 둔다.

收殷餘民 叔封始邑 申以商亂 酒材是告 及朔之生 衞頃①不寧 南子惡
蒯聵 子父易名 周德卑微 戰國旣彊 衞以小弱 角獨後亡 嘉彼康誥 作衞
世家第七 嗟箕子乎 嗟箕子乎 正言不用 乃反爲奴 武庚旣死 周封微子
襄公傷於泓② 君子孰稱 景公謙德 熒惑退行 剔成③暴虐 宋乃滅亡 嘉微
子問太師 作宋世家第八 武王旣崩 叔虞邑唐 君子譏名④ 卒滅武公 驪
姬之愛 亂者五世 重耳不得意 乃能成霸 六卿⑤專權 晉國以耗 嘉文公
錫珪鬯 作晉世家第九

① 衞頃위경

색은 위경공衞頃公이다.

衞頃公也

② 泓홍

정의 홍泓은 물 이름이다. 《공양전》에서 말한다. "송宋나라와 초楚나라 사람이 홍수泓水의 북쪽에서 싸움을 기약했는데 송나라의 군사가 크게 패했다. 군자君子는 그들이 대오를 이루지 않았다고 북을 울리지 않았고, 대사大事에 임해서도 예를 잃지 않은 것을 크게 여겼다. 비록 문왕文王이 전쟁을 하더라도 이와 같은 현상을 벗어나지 못할 것이다."

泓 水名 公羊傳云 宋與楚人期戰於泓之陽 宋師大敗 君子大其不鼓不成列 臨大事而不忘禮 雖文王之戰亦不過此也

③ 剔成척성

집해 서광이 말했다. "일설에는 '언偃'으로 되어 있으며 '송척성군은 언을 낳았다.[宋剔成生偃]'라고 했다."

徐廣曰 一云偃 宋剔成君生偃

색은 앞 글자 剔의 발음은 '적遏'이다.

上音遏成

④ 君子譏名군자기명

정의 진목후晉穆侯의 태자 이름은 구仇이고, 막내아들의 이름은 성사成師인 것을 말한다.

謂晉穆侯太子名仇 少子名成師也

⑤ 六卿육경

정의 지백智伯, 범范, 중항中行, 한韓, 위魏, 조趙이다.

智伯 范 中行 韓 魏 趙

중려重黎가 화정火正의 벼슬을 업業으로 여겼고 오회吳回가 이었다. 은殷나라의 말기 육자粥子가 계보를 이었다. 주周나라에서는 웅역熊繹을 등용했고 웅거熊渠가 계승했다. 초장왕楚莊王은 현명해서 이에 나라를 회복하고 진陳 땅①에 도읍했다. 이미 정鄭나라의 백작을 사면하고 송宋나라 화원華元의 말을 듣고 군사를 돌렸다. 회왕懷王은 진秦나라로 가서 객사客死하고 자란子蘭은 굴원屈原을 참언하였다. 아첨을 좋아하고 참소를 믿어 초나라는 진秦나라에 합병되었다. 장왕莊王의 의를 아름답게 여겼다. 이에 〈초세가楚世家〉를 지어 열 번째에 둔다.

소강小康(하夏의 제왕)의 아들은 실제로 남해南海②로 쫓겨 가서, 몸에 문신을 하고 머리를 자르고 자라와 두렁허리들③과 함께 살며, 이미 봉우산封禺山④을 지키며 우禹임금의 제사를 받들었다. 월越나라 구천句踐이 오吳나라 부차에게 곤욕을 당하고, 이에 범려范蠡와 대부종大夫種을 등용했다. 구천은 오랑캐인데도 그의 덕을 닦을 수 있었고, 강성한 오나라를 멸망시켜 주나라의 왕실을 높여서 이를 아름답게 여겼다. 이에 〈월왕구천세가越王句踐世家〉를 지어 열한 번째에 둔다.

환공桓公이 동쪽으로 간 것은 태사太史의 말을 채용했기 때문이다. 주周나라의 벼[禾]를 약탈함에 이르자 주周나라 사람들이 이에 비방했다. 제중祭仲이 맹약을 맺은 뒤로 정나라가 오래도록 번창하지 못했다. 자산子産이 인仁을 행해서 대를 이어 어질다고 일컬어졌다. 삼진三晉이 정나라를 침략하자 정나라는 한韓나라에 병합했다. 여공厲公이 혜공惠公을 들여보낸 것을 아름답게 여겼다.

이에 〈정세가鄭世家〉를 지어 열두 번째에 둔다.

重黎業之 吳回接之 殷之季世 粥子牒之 周用熊繹 熊渠是續 莊王之賢

乃復國陳^① 旣赦鄭伯 班師華元 懷王客死 蘭咎屈原 好諛信讒 楚幷於

秦 嘉莊王之義 作楚世家第十 少康之子 實賓南海^② 文身斷髮 黿鱓^③與

處 旣守封禺^④ 奉禹之祀 句踐困彼 乃用種蠡 嘉句踐夷蠻能脩其德 滅

彊吳以尊周室 作越王句踐世家第十一 桓公之東 太史是庸 及侵周禾

王人是議 祭仲要盟 鄭久不昌 子産之仁 紹世稱賢 三晉侵伐 鄭納於韓

嘉厲公納惠王 作鄭世家第十二

① 陳진

정의 초장왕楚莊王이 진陳 땅에 도읍했다.

楚莊王都陳

② 南海남해

정의 《오월춘추》에서 말한다. "계啓는 한 해의 계절마다 우禹의 제사
를 월越에서 지내게 했고 종묘를 남산南山의 위에 세웠으며 소강少康의
서자庶子 무여無餘를 월越에 봉하고 우禹의 제사를 지내도록 했다. 구천
이 이르러 산음山陰에 도읍하고 우묘禹廟를 세워 시조묘始祖廟로 삼았으
며 월나라가 망하자 마침내 무너졌다." 살펴보니 지금도 우묘禹廟가 회계
산 아래에 있다.

吳越春秋云 啓使歲時祭禹於越 立宗廟南山之上 封少康庶子無餘於越 使祠禹
至句踐遷都山陰 立禹廟爲始祖廟 越亡遂廢也 案 今禹廟在會稽山下

③ 黿鼉원선

색은 黿鼉의 발음은 '원선蚖鱓' 또는 '원타元鼉'이다.

蚖鱓 元鼉二音

④ 封禺봉우

집해 서광이 말했다. "봉우산封禺山은 무강현武康縣 남쪽에 있다."

徐廣曰 封禺山在武康縣南

천리마 기기驥와 녹이騄耳는 조보造父를 빛나게 했다. 조숙趙夙은 진晉나라 헌공獻公을 섬겼고, 아들 최衰[①]는 그의 뒤를 계승하여 문공을 보좌하여 주왕실周王室을 높였으며, 마침내 진晉나라를 보좌하는 신하가 되었다. 조양자趙襄子가 곤욕을 당했지만, 지백知伯을 사로잡았다. 주보主父 무령왕은 산 채로 포박되어 굶어 죽는 데 이르자 참새를 잡아먹었다. 조왕 천遷이 사벽하고 음란하여 어진 장군을 배척했다. 이에 조앙趙鞅이 주나라의 난을 토벌해 준 것을 아름답게 여겼다. 이에 〈조세가趙世家〉를 지어 열세 번째에 둔다.

필만畢萬이 위魏 땅에 봉해졌는데, 점쟁이가 그것을 알았다. 강絳(필만의 자손)이 양간楊干을 죽이자 융족과 적족이 화친했다. 문후文侯가 의를 사모하고 자하子夏를 스승으로 삼았다. 혜왕惠王이 스스로 뽐내자 제나라와 진秦나라에서 공격했다. 이미 신릉군信陵君을 의심하자 제후들이 돕는 것을 중지했다. 마침내 대량大梁을 잃고 위왕 가假는 종이 되었다. 위무자魏武子가 진문공晉文公을 보좌해서 패업을 펴게 한 것을 아름답게 여겼다. 이에 〈위세가魏世家〉를 지어 열네 번째에 둔다.

한궐韓厥이 몰래 덕을 쌓아 조무趙武가 흥했다. 단절된 것을 계승시키고 무너진 종사를 세워 진晉나라 사람들이 종주로 여겼다. 소후昭侯가 열후 가운데 드러나게 된 것은 신불해申不害② 를 고용했기 때문이다. 한비韓非를 의심하고 믿지 않아서 진秦나라 사람들이 습격했다. 한궐이 진晉나라를 보좌하고 주나라 천자의 세금을 바로잡아 준 것을 아름답게 여겼다. 이에 〈한세가韓世家〉를 지어 열다섯 번째에 둔다.

維驥騄耳 乃章造父 趙夙事獻 衰① 續厥緒 佐文尊王 卒爲晉輔 襄子困辱 乃禽智伯 主父生縛 餓死探爵 王遷辟淫 良將是斥 嘉鞅討周亂 作趙世家第十三 畢萬爵魏 卜人知之 及絳戮干 戎翟和之 文侯慕義 子夏師之 惠王自矜 齊秦攻之 旣疑信陵 諸侯罷之 卒亡大梁 王假厮之 嘉武佐晉文申霸道 作魏世家第十四 韓厥陰德 趙武攸興 紹絕立廢 晉人宗之 昭侯顯列 申子② 庸之 疑非不信 秦人襲之 嘉厥輔晉匡周天子之賦 作韓世家第十五

① 衰최

정의 衰의 발음은 '취[楚爲反]'이다.

衰 楚爲反

신주 조최趙衰이다. 맹자여孟子餘로도 불린다. 공자公子 중이重耳가 편력할 때, 19년 동안 유랑하며 고생을 함께했고, 중이가 진晉나라로 돌아와서 문공文公으로 즉위하는 것을 도왔다.

② 申子신자

신주 신불해申不害(?~서기전 337년)를 높여 부르는 말이다. 전국시대 정나라의 경성京城 사람이다. 상앙商鞅과 함께 법가를 대표하는 사상가이며 정치가이다. 《한서》〈예문지〉에 그가 쓴 《신자申子》 6편 중 3편(대체大體, 군신君臣, 삼부三符)이 전한다.

진완陳完이 난을 피해 제나라로 가서 구원을 청하자 몰래 5대째 덕을 베푸니 제나라 사람들이 아름답게 노래했다. 진성자陳成子가 정사를 잡고 전화田和가 제후가 되었다. 왕王인 건建이 마음이 동요해서 공共 땅으로 옮겼다. 위왕威王과 선왕宣王이 능히 혼탁한 세상을 다스리고 홀로 주나라를 종주로 삼은 것을 아름답게 여겼다. 이에 〈전경중완세가田敬仲完世家〉를 지어 열여섯 번째에 둔다.

주나라의 왕실이 이미 쇠약해지고 제후들이 방자하게 행동했다. 중니仲尼께서 예禮가 무너지고 음악이 폐해진 것을 슬퍼하며, 경학經學을 좇고 닦아 왕도王道에 달하게 하고, 어지러운 세상을 바루게 해 바른길로 되돌려서 그것을 문사로 나타내고, 천하의 의법을 제정하여 육예六藝가 일통一統하는 기강을 후세에 드리웠다. 이에 〈공자세가孔子世家〉를 지어 열일곱 번째에 둔다.

걸桀과 주紂가 그의 도를 잃자 탕왕과 무왕이 일어났다.

주나라에서 그의 도를 잃게 되자 《춘추》가 지어졌다.[①] 진秦나라에서 그 정치를 잃게 되자 진섭陳涉이 자신의 자취를 드러내고 제후들이 난을 일으켰는데, 바람이 일어나고 구름이 피어나는 듯하여 마침내 진족秦族이 멸망했다. 천하의 단서는 진섭이 난을 일으킨 것에서 비롯하였다. 이에 〈진섭세가陳涉世家〉를 지어 열여덟 번째에 둔다.

完子避難 適齊爲援 陰施五世 齊人歌之 成子得政 田和爲侯 王建動心 乃遷于共 嘉威宣能撥濁世而獨宗周 作田敬仲完世家第十六 周室旣衰 諸侯恣行 仲尼悼禮廢樂崩 追脩經術 以達王道 匡亂世反之於正 見其文辭 爲天下制儀法 垂六藝之統紀於後世 作孔子世家第十七 桀紂失其道而湯武作 周失其道而春秋作[①] 秦失其政 而陳涉發迹 諸侯作難 風起雲蒸 卒亡秦族 天下之端 自涉發難 作陳涉世家第十八

① 春秋作춘추작

[정의] 주周나라가 그의 도를 잃고 진秦나라의 시대에 이르러서는 제후들이 자웅을 겨루는 일에 힘썼다.

周失其道 至秦之時 諸侯力事乎爭强

성고成皐의 대臺에서 박씨薄氏가 처음으로 고조의 총애를 받았다. 두황후竇皇后는 뜻을 굽히고 대代로 가서 여러 두씨가 귀하게 되었다. 율희栗姬는 귀함을 믿고 뽐내자 왕씨王氏가 이에 황후가 되었다. 진황후陳皇后는 너무 교만하여 마침내는 위자부衛子夫가 황후가 되었는데, 부인의 덕이 이와 같은 것을 가상하게 여겼다. 이에 〈외척세가外戚世家〉를 지어 열아홉 번째에 둔다.

한漢나라의 고조가 계책으로 속여서 한신韓信을 진陳에서 사로잡았다. 월나라와 초나라는 백성이 사납고 날쌔서 이에 아우인 교交를 봉해 초왕으로 삼고 팽성에 도읍하게 했다. 이에 회수淮水와 사수泗水의 지역을 강성하게 해서 한나라의 종실의 울타리로 삼았다. 무戊가 사특한 것에 빠져 죽자 예禮가 다시 뒤를 계승했다. 유유劉游가 고조를 보좌한 것[1]을 아름답게 여겼다. 이에 〈초원왕세가楚元王世家〉를 지어 스무 번째에 둔다.

고조가 군사를 일으켰을 때 유가劉賈가 이에 참여했다. 경포鯨布에게 습격을 받아 그는 형荊과 오吳의 땅을 잃었다. 영릉후營陵侯 유택劉澤이 여태후를 감격시켜서 낭야琅邪의 왕이 되었다. 축오祝午[2]에게 속아 제나라를 믿고 갔다가 돌아오지 못했다. 드디어 서쪽 관중으로 들어갔는데, 마침 효문제가 즉위하여 다시 연왕燕王이 되는 것을 얻었다. 천하가 안정되지 않았을 적에 유가와 유택은 종친으로 한나라의 번신이 되었다. 이에 〈형연세가荊燕世家〉를 지어 스물한 번째에 둔다.

成皐之臺 薄氏始基 詘意適代 厥崇諸竇 栗姬偩貴 王氏乃遂 陳后太驕 卒尊子夫 嘉夫德若斯 作外戚世家十九 漢旣譎謀 禽信於陳 越荊剽輕

乃封弟交爲楚王 爰都彭城 以彊淮泗 爲漢宗藩 戊溺於邪 禮復紹之 嘉
游輔祖[1] 作楚元王世家第二十 維祖師旅 劉賈是與 爲布所襲 喪其荊吳
營陵激呂 乃王琅邪 怵午[2]信齊 往而不歸 遂西入關 遭立孝文 獲復王
燕 天下未集 賈澤以族 爲漢藩輔 作荊燕世家第二十一

① 游輔祖유보조

[정의] 유游는 초왕楚王 유교劉交의 자字이다. 조祖는 고조高祖이다.

游 楚王交字也 祖 高祖也

② 午오

[정의] 축오祝午를 이른다.

謂祝午也

천하가 이미 평정되었지만, 친족들이 너무 적었다. 제齊의 도혜왕
悼惠王이 제일 먼저 장성해서 실로 동쪽의 땅을 진압했다. 애왕哀
王이 멋대로 군사를 일으킨 것은 여러 여씨에게 분노했기 때문이
다. 사균駟鈞이 사나워서 경사京師(장안)에서는 애왕이 황제가 되
는 것을 허락하지 않았다. 여왕厲王은 누이와 간통하여 주보언主
父偃에게 재앙을 당했다. 비肥가 고조의 고굉이 된 것을 아름답게
여겼다. 이에 〈제도혜왕세가齊悼惠王世家〉를 지어 스물두 번째에
둔다.

초나라 항우項羽가 한나라의 군사를 형양榮陽에서 포위하여 서로 대치하는 것을 3년 동안이나 했다. 소하蕭何가 산서山西①를 진무하고 계책을 짜 군사를 계속 보충하고 군량미를 공급하는데 단절되지 않게 했다. 또 백성에게 한나라를 사랑하게 하고 초나라를 위하는 것을 기뻐하지 않게 했다. 이에 〈소상국세가蕭相國世家〉를 지어 스물세 번째에 둔다.

한신韓信과 함께해 위魏나라를 평정하고 조趙나라를 무너뜨렸으며, 제齊나라를 빼앗아 마침내 초나라 세력을 허약하게 만들었다. 소하蕭何를 계승해 상국相國이 되어서 변화시키지 않고 고치지 않아 백성이 안녕을 얻었다. 조참曹參이 자신의 공로나 능력을 자랑하지 않는 것을 아름답게 여겼다. 이에 〈조상국세가曹相國世家〉를 지어 스물네 번째에 둔다.

天下已平 親屬既寡 悼惠先壯 實鎮東土 哀王擅興 發怒諸呂 馭鈞暴戾 京師弗許 屬之內淫 禍成主父 嘉肥股肱 作齊悼惠王世家第二十二 楚人圍我榮陽 相守三年 蕭何填撫山西① 推計踵兵 給糧食不絕 使百姓愛漢 不樂爲楚 作蕭相國世家第二十三 與信定魏 破趙拔齊 遂弱楚人 續何相國 不變不革 黎庶攸寧 嘉參不伐功矜能 作曹相國世家第二十四

① 山西산서
[정의] 화산華山의 서쪽이다.
謂華山之西也

군막軍幕 안에서 전략을 세우고 형체가 없는 데에서 제압해 승리를 거둔 것은 장자방張子房(장량)이 그 사업을 꾀한 것이었다. 알려진 이름도 없고 용맹스러운 공로도 없었지만, 쉬운 데에서 어려운 것을 도모하고 작은 데에서 큰일을 했다. 이에 〈유후세가留侯世家〉를 지어 스물다섯 번째에 둔다.

여섯 가지의 기책奇策이 이미 쓰이니 제후들이 빈賓으로 한漢나라를 따랐다. 여씨呂氏의 일을 처리한 것도 진평陳平의 근본 계책이었으니 마침내 종묘를 편안케 하고 사직을 안정시켰다. 이에 〈진승상세가陳丞相世家〉를 지어 스물여섯 번째에 둔다.

여씨呂氏의 일족들이 모여서 경사京師(장안)를 허약하게 만들기로 모의했다. 주발周勃은 상도常道에 벗어났으나 권도權道에 부합하여 처리하였다. 오吳와 초楚 등 7개국의 군사가 반란을 일으키자 주아부周亞夫가 창읍昌邑에 주둔해서 제齊와 조趙를 곤욕스럽게 하고 출병을 양梁나라에 맡겼다. 이에 〈강후세가絳侯世家〉를 지어 스물일곱 번째에 둔다.

7개국이 반란을 일으켰을 때 장안長安의 울타리로 오직 양梁나라만 막아 지켰다. 그러나 천자의 사랑을 믿고 공로를 자랑하다가 거의 재앙을 당할 뻔했다. 양나라가 오吳와 초楚를 막아내었던 것을 아름답게 여겼다. 이에 〈양효왕세가梁孝王世家〉를 지어 스물여덟 번째에 둔다.

오종五宗이 이미 왕이 되자 한나라의 종실이 화합하고 크고 작은 제후들이 천자의 울타리가 되었다. 이에 그들이 마땅함을 얻어 분수에 넘치게 견주는 일이 점점 적어지게 되었다.

이에 〈오종세가五宗世家〉를 지어 스물아홉 번째에 둔다.

무제의 세 아들들이 왕이 되었는데 그들의 문사文辭들은 가히 볼 만하다. 이에 〈삼왕세가三王世家〉를 지어 서른 번째에 둔다.

運籌帷幄之中 制勝於無形 子房計謀其事 無知名 無勇功 圖難於易 爲 大於細 作留侯世家第二十五 六奇旣用 諸侯賓從於漢 呂氏之事 平爲 本謀 終安宗廟 定社稷 作陳丞相世家第二十六 諸呂爲從 謀弱京師 而 勃反經合於權 吳楚之兵 亞夫駐於昌邑 以厄齊趙 而出委以梁 作絳侯 世家第二十七 七國叛逆 蕃屛京師 唯梁爲扞 偵愛矜功 幾獲于禍 嘉其 能距吳楚 作梁孝王世家第二十八 五宗旣王 親屬洽和 諸侯大小爲藩 爰得其宜 僭擬之事稍衰貶矣 作五宗世家第二十九 三子之王 文辭可 觀 作三王世家第三十

〈열전〉의 차례

말세末世에는 세상 사람들이 모두 이익만을 다투었는데 저 백이와 숙제는 의義를 위해 달아났다. 국가를 사양하고 수양산首陽山에서 굶주려 죽자 천하에서 칭송했다. 이에 〈백이열전伯夷列傳〉을 지어 첫 번째에 둔다.

안자晏子는 검소했고 관이오管夷吾는 사치했다. 제나라 환공桓公은 (관중을 등용해) 패자霸者가 되었고 경공景公은 (안영을 등용해) 잘 다스렸다. 이에 〈관안열전管晏列傳〉을 지어 두 번째에 둔다.

이이李耳(노자老子)는 무위無爲하면 저절로 변화하고 청정淸淨하면 저절로 바르게 된다고 했다. 한비韓非는 일의 정상을 헤아려서 형세의 이치를 따라야 한다고 했다. 이에 〈노자한비열전老子韓非列傳〉을 지어 세 번째에 둔다.

옛날부터 왕자王者에게는 사마법司馬法이 있었다. 사마양저司馬穰苴는 이것을 능히 펴서 밝혔다. 이에 〈사마양저열전司馬穰苴列傳〉을 지어 네 번째에 둔다.

신의와 염치, 인자함과 용기가 아니면 병법을 전수하고 검법을 논하는 것이 도道와 부합할 수 없다. 이에 안으로는 자신을 다스릴 수가 있어야 하고 밖으로는 변화에 응할 수 있어야 하는 것이다. 그래서 군자君子는 병법을 덕德에 견준다. 이에 〈손자오기열전孫子吳起列傳〉을 지어 다섯 번째에 둔다.

末世爭利 維彼奔義 讓國餓死 天下稱之 作伯夷列傳第一 晏子儉矣 夷吾則奢 齊桓以霸 景公以治 作管晏列傳第二 李耳無爲自化 淸淨自正 韓非揣事情 循執理 作老子韓非列傳第三 自古王者而有司馬法 穰苴能申明之 作司馬穰苴列傳第四 非信廉仁勇不能傳兵論劍 與道同符 內可以治身 外可以應變 君子比德焉 作孫子吳起列傳第五

초나라 공자 건建이 참소를 당하자 그의 재앙이 오자사伍子奢에게 미쳤다. 오상伍尙은 이윽고 아버지의 일을 바로잡으려 했고, 오원伍員(오자서)은 오吳나라로 달아났다. 이에 〈오자서열전伍子胥列傳〉을 지어 여섯 번째에 둔다.

공자孔子는 문文을 기술했고 제자들은 학문을 일으켰다. 모두가 제후들의 사부가 되어 인仁을 높이고 의義를 격려했다. 이에 〈중니제자열전仲尼弟子列傳〉을 지어 일곱 번째에 둔다.

상앙商鞅이 위衛나라를 버리고 진秦나라로 가서 그의 술법을 밝혀서 효공孝公을 강력한 패자霸者로 만들 수 있었다. 후세에도 그의 법을 따랐다. 이에 〈상군열전商君列傳〉을 지어 여덟 번째에 둔다.

천하에서 연횡책連橫策을 쓰는 진秦나라가 욕심이 끝없음을 근심했다. 소진蘇秦이 합종책을 맹약하게 해 탐욕스럽고 강력한 진나라를 억제해서 제후들을 존속시킬 수 있었다. 이에 〈소진열전蘇秦列傳〉을 지어 아홉 번째에 둔다.

여섯 나라가 이미 합종책으로 가까워지자 장의張儀가 그의 연횡책을 설명하고 밝혀서 다시 제후들을 해산시킬 수 있었다. 이에 〈장의열전張儀列傳〉을 지어 열 번째에 둔다.

維建遇讒 爰及子奢 尙旣匡父 伍員奔吳 作伍子胥列傳第六 孔氏述文 弟子興業 咸爲師傅 崇仁厲義 作仲尼弟子列傳第七 鞅去衛適秦 能明其術 彊霸孝公 後世遵其法 作商君列傳第八 天下患衡秦毋饜 而蘇子能存諸侯 約從以抑貪彊 作蘇秦列傳第九 六國旣從親 而張儀能明其說 復散解諸侯 作張儀列傳第十

진秦나라가 동쪽으로 강한 제후들을 물리친 것[①]은 저리자樗里子와 감무甘茂의 계책 때문이다. 이에 〈저리감무열전樗里甘茂列傳〉을 지어 열한 번째에 둔다.

하수河水와 효산崤山을 장악하고[②] 대량大梁을 포위하여 제후들에게 손을 움츠리고 진秦나라를 섬기게 한 것은 위염魏冉의 공로였다. 이에 〈양후열전穰侯列傳〉을 지어 열두 번째에 둔다.

남쪽으로 언鄢과 영郢 땅을 빼앗고 북쪽으로 장평長平에서 이겨서 마침내 한단邯鄲을 포위한 것은 무안군武安君 백기白起의 통솔력 때문이다. 형荊을 깨부수고 조趙를 멸망시킨 것은 왕전王翦의 계책이었다. 이에 〈백기왕전열전白起王翦列傳〉을 지어 열세 번째에 둔다.

맹자孟子는 유가儒家와 묵적墨翟이 남긴 학문을 섭렵하고 예의의 일통一統한 기강을 밝혀 양혜왕梁惠王이 이익을 추구하는 단서를 단절시켰다. 순경荀卿(순자)은 지나간 세상의 흥망성쇠[3]를 나열했다. 이에 〈맹자순경열전孟子荀卿列傳〉을 지어 열네 번째에 둔다.

객客을 좋아하고 선비를 좋아하여 선비들이 설薛 땅에 모여들었다. 이들은 제나라를 위해 초나라와 위나라를 막아 주었다. 이에 〈맹상군열전孟嘗君列傳〉을 지어 열다섯 번째에 둔다.

秦所以東攘[1]雄諸侯 樗里甘茂之策 作樗里甘茂列傳第十一 苞河山[2] 圍大梁 使諸侯斂手而事秦者 魏冉之功 作穰侯列傳第十二 南拔鄢郢 北摧長平 遂圍邯鄲 武安爲率 破荊滅趙 王翦之計 作白起王翦列傳第 十三 獵儒墨之遺文 明禮義之統紀 絕惠王利端 列往世興衰[3] 作孟子荀 卿列傳第十四 好客喜士 士歸于薛 爲齊扦楚魏 作孟嘗君列傳第十五

① 攘양

집해 서광이 말했다. "다른 판본에는 '양襄'으로 되어 있다."

徐廣曰 一作襄

② 苞河山포하산

집해 서광이 말했다. "포苞는 다른 판본에는 '시施'로 되어 있다."

徐廣曰 苞 一作施

신주 하산河山에서 하河는 황하를 가리키고 산山은 화산華山을 가리키는 경우가 많다. 그러나 여기에서 화산은 이미 진나라의 속지屬地였기 때문에 진나라가 정복할 이유가 성립되지 않는다. 따라서 관중에서 동쪽

으로 가는 데는 함곡관과 효산을 거쳐야 해서 산山은 효산일 가능성이
매우 높다.

③ 衰쇠

집해 서광이 말했다. "다른 판본에는 '괴壞'로 되어 있다."
徐廣曰 一作壞

(조나라 평원군은) 권세 때문에① 풍정과 다투고 초나라로 가서 한단
邯鄲이 포위된 것을 구원하고 그의 군주를 다시 제후들에게 칭송
받도록 했다. 이에 〈평원군우경열전平原君虞卿列傳〉을 지어 열여섯
번째에 둔다.
부유하고 고귀한 신분으로 가난하고 천한 사람들에게도 자신을
낮추고, 어질고 능력이 있으면서도 어질지 못한 이에게 무릎을 꿇
는 것을 오직 신릉군信陵君만이 행할 수 있었다. 이에 〈위공자열전
魏公子列傳〉을 지어 열일곱 번째에 둔다.
자신을 희생하여 군주를 따라 마침내 강력한 진秦나라에서 벗어
나게 했으며, 유세하러 온 선비들에게 남쪽으로 향하여 초나라로
달아나게 한 것은 황헐黃歇의 의리였다. 이에 〈춘신군열전春申君列
傳〉을 지어 열여덟 번째에 둔다.
능히 위제魏齊에게 치욕②을 당한 것을 참고 강력한 진秦나라에 위엄
을 믿게 했다. 어진 이를 추천하고 자리를 양보하는 것을 두 사람이 지
녔다. 이에 〈범저채택열전范雎蔡澤列傳〉을 지어 열아홉 번째에 둔다.

그의 계책을 이끌고 행해서 5개국의 군사와 연합하고 약한 연나라를 위해 강력한 제나라에 원수를 갚아 그의 선군先君의 치욕을 씻겨 주었다. 이에 〈악의열전樂毅列傳〉을 지어 스무 번째에 둔다.

爭馮亭以 ①權 如楚以救邯鄲之圍 使其君復稱於諸侯 作平原君虞卿列傳第十六 能以富貴下貧賤 賢能詘於不肖 唯信陵君爲能行之 作魏公子列傳第十七 以身徇君 遂脫彊秦 使馳說之士南鄉走楚者 黃歇之義 作春申君列傳第十八 能忍訽 ②於魏齊 而信威於彊秦 推賢讓位 二子有之 作范睢蔡澤列傳第十九 率行其謀 連五國兵 爲弱燕報彊齊之讎 雪其先君之恥 作樂毅列傳第二十

① 以이

집해 서광이 말했다. "以이는 다른 판본에는 '반反'으로 되어 있다. 태사공이 평원군平原君을 비난해서 이르기를 '사리사욕은 지혜를 어둡게 한다.[利令智昏]'이라고 했다. 그러므로 '풍정과 다투어서 권세를 되돌렸다.[爭馮亭反權]'이라고 이른 것이다."

徐廣曰 以 一作反 太史公譏平原曰 利令智昏 故云爭馮亭反權

② 訽후

집해 서광이 말했다. "訽의 발음은 '후逅'이다."

徐廣曰 訽音逅

색은 訽의 발음은 '후[火候反]'이다. 후訽는 욕辱이다.

訽 火候反 訽 辱也

강력한 진秦나라에서 자신의 뜻을 펴 보이면서도 염파廉頗에게는
자신을 굽히고, 그의 군주를 따름으로써 제후들에게 모두 중시되
었다. 이에 〈염파인상여열전廉頗藺相如列傳〉을 지어 스물한 번째
에 둔다.

제나라 민왕湣王은 임치臨淄를 잃고 거莒로 달아났다. 오직 전단田
單이 즉묵卽墨을 이용해서 기겁騎劫을 무너뜨리니 마침내 제나라
의 사직을 보존할 수 있었다. 이에 〈전단열전田單列傳〉을 지어 스
물두 번째에 둔다.

궤변을 베풀어 포위된 성에 근심을 풀 수 있었고 작위와 녹봉도
가볍게 여기면서 자기 멋대로의 뜻을 즐겼다. 이에 〈노중련추양열
전魯仲連鄒陽列傳〉을 지어 스물세 번째에 둔다.

사부辭賦를 지어 풍간하고 비유를 들어 의義를 다투었는데,《이소
離騷》가 이런 특징을 지녔다. 이에 〈굴원가생열전屈原賈生列傳〉을
지어 스물네 번째에 둔다.

자초子楚와 친교를 맺고 제후의 사인士人들로 하여금 분주하게 다
투어서 들어와 진나라를 섬기게 했다. 이에 〈여불위열전呂不韋列
傳〉을 지어 스물다섯 번째에 둔다.

能信意彊秦 而屈體廉子 用徇其君 俱重於諸侯 作廉頗藺相如列傳第
二十一 湣王旣失臨淄而奔莒 唯田單用卽墨破走騎劫 遂存齊社稷 作
田單列傳第二十二 能設詭說解患於圍城 輕爵祿 樂肆志 作魯仲連鄒
陽列傳第二十三 作辭以諷諫 連類以爭義 離騷有之 作屈原賈生列傳
第二十四 結子楚親 使諸侯之士斐然爭入事秦 作呂不韋列傳第二十五

조말曹沫은 비수를 가지고 노魯나라의 잃었던 땅을 얻었고 제나라에서는 그의 신용을 확실하게 했다. 예양豫讓은 의義를 지켜 두 마음을 가지지 않았다. 이에 〈자객열전刺客列傳〉을 지어 스물여섯 번째에 둔다.

그의 계획을 명확하게 세우고 시기에 따라 진秦나라에 미루어 시행하여 마침내 천하에 뜻을 얻게 했는데, 이사李斯가 도모한 세력의 우두머리였다. 이에 〈이사열전李斯列傳〉을 지어 스물일곱 번째에 둔다.

진秦나라를 위해 땅을 개간하고 백성을 늘렸으며, 북쪽으로 흉노를 쓰러뜨리고 하수에 의지해 요새화하고 산을 따라 견고하게 만들어 유중楡中을 세웠다. 이에 〈몽염열전蒙恬列傳〉을 지어 스물여덟 번째에 둔다.

조趙나라를 진정시키고 상산常山을 요새로 삼아 하내河內를 넓혀 초나라의 권력을 약화하고, 한왕漢王의 신용을 천하에 밝혔다. 이에 〈장이진여열전張耳陳餘列傳〉을 지어 스물아홉 번째에 둔다.

(위표는) 서하와 상당上黨의 병사를 수습하고 종군해서 팽성彭城에 이르렀다. 팽월彭越이 양梁 땅을 침략해서 항우項羽를 고통스럽게 했다. 이에 〈위표팽월열전魏豹彭越列傳〉을 지어 서른 번째에 둔다.

曹子匕首 魯獲其田 齊明其信 豫讓義不爲二心 作刺客列傳第二十六
能明其畫 因時推秦 遂得意於海內 斯爲謀首 作李斯列傳第二十七
爲秦開地益衆 北靡匈奴 據河爲塞 因山爲固 建楡中 作蒙恬列傳第二十八 塡趙塞常山以廣河內 弱楚權 明漢王之信於天下 作張耳陳餘列傳第二十九 收西河上黨之兵 從至彭城 越之侵掠梁地以苦項羽 作魏豹彭越列傳第三十

(경포는) 회남淮南 땅을 가지고 초나라에 배반해서 한나라로 귀의했다. 한나라는 대사마大司馬 은殷을 얻어 등용해서 마침내 항우의 군사를 해하垓下^①에서 무너뜨렸다. 이에 〈경포열전黥布列傳〉을 지어 서른한 번째에 둔다.

초나라 사람이 한나라를 경京과 삭索 사이에서 압박하고 있을 때 한신韓信이 위魏와 조趙를 함락시켰으며, 연燕과 제齊나라도 평정하고 3등분의 천하 중 3분의 2를 한나라가 소유하게 하고 항우를 멸망시켰다. 이에 〈회음후열전淮陰侯列傳〉을 지어 서른두 번째에 둔다.

초楚와 한漢이 공鞏과 낙洛 땅에서 대치하고 있을 때 한왕신韓王信이 영천潁川을 진압했고, 노관盧綰은 항우군의 군량을 차지했다. 이에 〈한신노관열전韓信盧綰列傳〉을 지어 서른세 번째에 둔다.

제후들이 항왕項王을 배반하였을 때 오직 제나라만이 성양城陽에서 자우子羽(항우)와 견제하고 있었는데, 한나라는 이 틈을 이용해 마침내 팽성으로 쳐들어갈 수 있었다. 이에 〈전담열전田儋列傳〉을 지어 서른네 번째에 둔다.

성을 공격하고 들판에서 싸워 공로를 얻고 돌아가 복명하는 데에는 번쾌樊噲와 역상酈商의 힘이 가장 있었다. 유독 말채찍만 휘둘렀던 것이 아니라 또한 한왕과 더불어 어려움에서 벗어나기도 했다. 이에 〈번역열전樊酈列傳〉을 지어 서른다섯 번째에 둔다.

以淮南叛楚歸漢 漢用得大司馬殷 卒破子羽于垓下^① 作黥布列傳第三十一 楚人迫我京索 而信拔魏趙 定燕齊 使漢三分天下有其二 以滅項籍 作淮陰侯列傳第三十二 楚漢相距鞏洛 而韓信爲塡潁川 盧綰絶

籍糧餉 作韓信盧綰列傳第三十三 諸侯畔項王 唯齊連子羽城陽 漢得
以間遂入彭城 作田儋列傳第三十四 攻城野戰 獲功歸報 噲商有力焉
非獨鞭策 又與之脫難 作樊酈列傳第三十五

① 垓下해하

집해 서광이 말했다. "제당隄塘(둑)의 이름이다."

徐廣曰 隄塘之名也

한나라가 초기에는 안정되었으나 문서로 다스리는 것이 뚜렷하지
못했다. 이에 장창張蒼이 회계를 주관해서 도량度量을 정제하고
율력律曆을 바로잡았다. 이에 〈장승상열전張丞相列傳〉을 지어 서
른여섯 번째에 둔다.

말로 약속하고 사신을 통해서 제후들을 회유해 맹약하게 했다. 제
후들이 모두 화목해져 한나라로 귀의하고 번국이 되어 보좌했다.
이에 〈역생육가열전酈生陸賈列傳〉을 지어 서른일곱 번째에 둔다.

진秦나라와 초나라의 일을 자세히 알려면 오직 주설周緤을 알아
야 하니, 주설은 항상 고조를 따라 제후들을 평정했다. 이에 〈부
근괴성열전傳靳蒯成列傳〉①을 지어 서른여덟 번째에 둔다.

강성한 호족豪族들을 이주시키고 관중關中에 도읍하여 흉노들과 평
화조약을 맺었다. 조정의 예를 밝히고 종묘 의법의 차례를 정했다. 이
에 〈유경숙손통열전劉敬叔孫通列傳〉을 지어 서른아홉 번째에 둔다.

군셈을 꺾어 부드럽게 해서 마침내 한나라의 신하에 반열班列할 수 있었다. 난포欒布는 형세에 겁박당하면서도 죽은 팽월과는 배신하지 않았다. 이에 〈계포난포열전季布欒布列傳〉을 지어 마흔 번째에 둔다.

漢旣初定 文理未明 蒼爲主計 整齊度量 序律曆 作張丞相列傳第三十六 結言通使 約懷諸侯 諸侯咸親 歸漢爲藩輔 作酈生陸賈列傳第三十七 欲詳知秦楚之事 維周緤常從高祖 平定諸侯 作傅靳蒯成①列傳第三十八 徙彊族 都關中 和約匈奴 明朝廷禮 次宗廟儀法 作劉敬叔孫通列傳第三十九 能摧剛作柔 卒爲列臣 欒公不劫於執而倍死 作季布欒布列傳第四十

① 傅靳蒯成부근괴성

색은 괴성蒯成이고 앞 글자 蒯의 발음은 '배裴'이고 그 글자의 발음은 붕읍崩邑을 따른다. 또 '부浮'라고도 발음한다.

蒯成 上音裴 其字音從崩邑 又音浮

감히 용안을 범하면서도 주장하는 의義를 관철했으니, 그 자신을 돌아보지 않고 오직 국가를 위해 장구한 계획을 세웠다. 이에 〈원앙조조열전袁盎朝錯列傳〉을 지어 마흔한 번째에 둔다.

법을 지켜서 큰 이치를 잃지 않았고 옛 현인들을 말해서 군주의 밝음을 더했다. 이에 〈장석지풍당열전張釋之馮唐列傳〉을 지어 마흔두 번째에 둔다.

돈후하고 자애로우며 효성스러웠다. 그리고 말은 어눌했으나 행동은 민첩했다. 군주를 받드는 데 힘썼으니 군자君子이며 장자長者였다. 이에 〈만석장숙열전萬石張叔列傳〉을 지어 마흔세 번째에 둔다.

절개를 지키고 정성스럽고 바르며 의義는 청렴함을 말하기에 충분하고 행동은 어진 이를 격려하기에 충분했다. 중요한 권력을 맡아서도 이치가 아닌 것으로 흔들 수가 없었다. 이에 〈전숙열전田叔列傳〉을 지어 마흔네 번째에 둔다.

편작扁鵲은 의술을 말하여 의술가들이 종주가 되었다. 의술을 지키는 것이 정밀하고 명확해서, 후세에 순서를 바꿀 수 없을 정도였다. 창공倉公이 이에 가깝다고 말할 수 있을 것이다. 이에 〈편작창공열전扁鵲倉公列傳〉을 지어 마흔다섯 번째에 둔다.

敢犯顏色 以達主義 不顧其身 爲國家樹長畫 作袁盎朝錯列傳第四十一 守法不失大理 言古賢人 增主之明 作張釋之馮唐列傳第四十二 敦厚慈孝 訥於言 敏於行 務在鞠躬 君子長者 作萬石張叔列傳第四十三 守節切直 義足以言廉 行足以厲賢 任重權不可以非理撓 作田叔列傳第四十四 扁鵲言醫 爲方者宗 守數精明 後世(修)〔循〕序 弗能易也 而倉公可謂近之矣 作扁鵲倉公列傳第四十五

고조高祖의 형인 중仲의 작록은 삭감되었으나[①] 그의 아들 비濞가 오吳의 왕이 되었다. 한나라가 초기에 안정되었을 때 강수와 회수의 사이를 진무했다. 이에 〈오왕비열전吳王濞列傳〉을 지어 마흔여섯 번째에 둔다.

오吳와 초楚가 반란을 일으켰을 때 종친의 가족으로는 오직 두영竇嬰만이 현명하고 선비들을 좋아했으니, 선비들이 그에게로 향했다. 군사를 이끌고 가서 산동의 형양滎陽에서 항전했다. 이에 〈위기무안열전魏其武安列傳〉을 지어 마흔 일곱 번째에 둔다.

지혜는 근세의 변화에 대응하기에 충분했고 너그러움은 사람을 얻어 등용하기에 충분했다. 이에 〈한장유열전韓長孺列傳〉을 지어 마흔여덟 번째에 둔다.

적을 대적하는 데 용맹하고 사졸士卒들에게 어질고 자애롭게 대하며 호령이 번다하지 않았으므로 군사들이 그에게 향했다. 이에 〈이장군열전李將軍列傳〉을 지어 마흔아홉 번째에 둔다.

하夏, 은殷, 주周의 3대 이래로 흉노는 항상 중국에 우환이나 피해를 주었다. 이에 흉노의 강하고 약한 시기를 알아서 대비하고 토벌하고자 하였다. 이에 〈흉노열전匈奴列傳〉을 지어 쉰 번째에 둔다.

維仲之省[①] 厥濞王吳 遭漢初定 以塡撫江淮之間 作吳王濞列傳第四十六 吳楚爲亂 宗屬唯嬰賢而喜士 士鄕之 率師抗山東滎陽 作魏其武安列傳第四十七 智足以應近世之變 寬足用得人 作韓長孺列傳第四十八 勇於當敵 仁愛士卒 號令不煩 師徒鄕之 作李將軍列傳第四十九 自三代以來 匈奴常爲中國患害 欲知彊弱之時 設備征討 作匈奴列傳第五十

① 仲之省중지성

집해 서광이 말했다. "오왕吳王이 왕이 된 것은 아버지의 작록이 삭감된 것에서 말미암은 것이다."

徐廣曰 吳王之王由父省

구불구불한 변새를 곧게 하고 하남河南을 넓혔으며, 기련산祁連山의 적을 무너뜨리고 서쪽의 나라와 통했으며, 북쪽의 오랑캐들을 쓰러뜨렸다. 이에 〈위장군표기열전衛將軍驃騎列傳〉을 지어 쉰한 번째에 둔다.

대신들과 종실이 사치하는 것을 서로 뽐내고 있었으나 오직 공손홍公孫弘만은 의식을 절용하고 모든 관리의 모범이 되었다. 이에 〈평진후열전平津侯列傳〉을 지어 쉰두 번째에 둔다.

한나라가 이윽고 중국을 평정하자 위타尉佗는 양월楊越을 수습하여 남쪽의 변방을 보호하고 한나라에 공물을 바쳤다. 이에 〈남월열전南越列傳〉을 지어 쉰세 번째에 둔다.

오吳나라가 반역하자 동구東甌① 사람들이 오왕비吳王濞를 참수했고, 봉우산封禺山에서 지키며② 신하가 되었다. 이에 〈동월열전東越列傳〉을 지어 쉰네 번째에 둔다.

연燕나라 태자 단丹이 요동遼東의 사이에서 흩어져 어지러워지자, 위만衛滿은 그의 유민을 거두어서 바다의 동쪽에 모아서 진번眞藩③을 정제하고 요새를 지키며, 한나라의 외신外臣이 되었다. 이에 〈조선열전朝鮮列傳〉을 지어 쉰다섯 번째에 둔다.

直曲塞 廣河南 破祁連 通西國 靡北胡 作衞將軍驃騎列傳第五十一 大
臣宗室以侈靡相高 唯弘用節衣食爲百吏先 作平津侯列傳第五十二 漢
旣平中國 而佗能集楊越以保南藩 納貢職 作南越列傳第五十三 吳之
叛逆 甌①人斬濞 葆守封禺②爲臣 作東越列傳第五十四 燕丹散亂遼間
滿收其亡民 厥聚海東 以集眞藩③ 葆塞爲外臣 作朝鮮列傳第五十五

① 甌구

집해 서광이 말했다. "지금의 영녕永寧이고 이곳이 동구東甌이다."

徐廣曰 今之永寧 是東甌也

② 葆守封禺보수봉우

색은 앞 글자 葆의 발음은 '보保'이다. 동구東甌는 월나라의 공격을 입
어 격파당한 뒤에 봉우산封禺山에서 지켰다. 지금의 무강현武康縣에 있다
고 한다.

上音保 言東甌被越攻破之後 保封禺之山 今在武康縣也

③ 藩번

집해 서광이 말했다. "다른 판본에는 '막莫'으로 되어 있다. 藩의 발음
은 '반[普寒反]'이다."

徐廣曰 一作莫 藩音普寒反

당몽唐蒙이 사신으로 순회하며 야랑夜郎과 개통하자 공邛과 작筰의 군주는 한나라의 내신內臣이 될 것을 청하여 관리로 받아들여졌다. 이에 〈서남이열전西南夷列傳〉을 지어 쉰여섯 번째에 둔다.

〈자허부子虛賦〉의 일과 〈대인부大人賦〉의 말은 아름다우나 과장이 많았다. 그러나 그것이 가리키는 풍간은 무위無爲로 돌아가는 것이다. 이에 〈사마상여열전司馬相如列傳〉을 지어 쉰일곱 번째에 둔다.

경포黥布가 반역하자 고조의 아들 유장劉長이 나라를 소유하여 강수와 회수의 남쪽을 진압하게 하고 유안劉安은 사나운 초나라 백성을 어루만졌다. 이에 〈회남형산열전淮南衡山列傳〉을 지어 쉰여덟 번째에 둔다.

법을 받들고 이치를 따르는 관리는 자신의 공로나 능력을 자랑하지 않는다. 또한 백성이 칭송함이 없고 또한 행동에 넘침도 없다. 이에 〈순리열전循吏列傳〉을 지어 쉰아홉 번째에 둔다.

의관을 정제하고 조정에 서면 군신들이 감히 허튼 말을 발설하지 못하는데, 장유長孺(급암)는 여기에 긍지가 있었다. 남을 천거하기를 좋아하여 정당시鄭當時가 장자長者라고 칭찬한 것은 장壯에게 그러한 기개[1]가 있었기 때문이다. 이에 〈급정열전汲鄭列傳〉을 지어 예순 번째에 둔다.

唐蒙使略通夜郎 而邛笮之君請爲內臣受吏 作西南夷列傳第五十六 子虛之事 大人賦說 靡麗多誇 然其指風諫 歸於無爲 作司馬相如列傳第五十七 黥布叛逆 子長國之 以塡江淮之南 安剽楚庶民 作淮南衡山列傳第五十八 奉法循理之吏 不伐功矜能 百姓無稱 亦無過行 作循吏列

傳第五十九 正衣冠立於朝廷 而群臣莫敢言浮說 長孺矜焉 好薦人 稱長者 壯有溉^① 作汲鄭列傳第六十

① 溉개

[집해] 서광이 말했다. "다른 판본에는 '개慨'로 되어 있다."

徐廣曰 一作慨

공자孔子가 죽은 뒤부터 경사京師에서 상서庠序(학교)를 높이는 자가 없었다. 오직 무제의 건원建元과 원수元狩 연간에만 문사文辭가 찬란하게 빛났다. 이에 〈유림열전儒林列傳〉을 지어 예순한 번째에 둔다.

백성이 근본을 배반하고 꾀를 많이 부리고 법을 간사하게 하거나 법을 농간하니 선인善人들이 교화시킬 수 없었다. 오직 일체 엄격하고 모질게 해야 그들을 정제할 수 있다. 이에 〈혹리열전酷吏列傳〉을 지어 예순두 번째에 둔다.

한나라에서 이미 대하大夏로 사신을 통하자 서쪽 끝의 먼 오랑캐도 목을 늘여 안을 향하여 중국을 보고자 했다. 이에 〈대원열전大宛列傳〉을 지어 예순세 번째에 둔다.

사람을 곤욕스러운 곳에서 구해주고 사람들이 넉넉하지 못할 때 진휼하는 것은 인자仁者라야 그러함이 있을 것이다. 믿음에 대해 개탄하지 않고^① 한 말에 대해 배반하지 않는 것은 의로운 자만이 이에 취함이 있을 것이리라. 이에 〈유협열전游俠列傳〉을 지어 예순네 번째에 둔다.

대저 인군을 섬기며 군주의 귀와 눈을 기쁘게 하고 군주의 안색을 화락하게 하며 친근한 정을 얻는 것은 유독 용모만으로 총애받은 것이 아니라 능히 또한 각각 뛰어난 것이 있어서이다. 이에 〈영행열전佞幸列傳〉을 지어 예순다섯 번째에 둔다.

自孔子卒 京師莫崇庠序 唯建元元狩之間 文辭粲如也 作儒林列傳第六十一 民倍本多巧 姦軌弄法 善人不能化 唯一切嚴削爲能齊之 作酷吏列傳第六十二 漢旣通使大夏 而西極遠蠻 引領內鄕 欲觀中國 作大宛列傳第六十三 救人於戹 振人不贍 仁者有乎 不旣信^① 不倍言 義者有取焉 作游俠列傳第六十四 夫事人君能說主耳目 和主顏色 而獲親近 非獨色愛 能亦各有所長 作佞幸列傳第六十五

① 不旣信불기신

집해 서광이 말했다. "일설에는 '불개신不慨信'으로 되어 있다."

徐廣曰 一云不慨信

세속에 휩쓸리지 않고 권세와 이익을 다투지 않으며, 위와 아래가 응체된 바가 없고 사람들이 그들을 해치지 못했으니 도道를 운용했기 때문이다. 이에 〈골계열전滑稽列傳〉을 지어 예순여섯 번째에 둔다.

제齊, 초楚, 진秦, 조趙의 일자日者는 각각 풍속에 따라 쓰이는 바가 있었다.① 그 큰 뜻을 두루② 관찰하고자 했다. 이에 〈일자열자日者列傳〉을 지어 예순일곱 번째에 둔다.

하, 은, 주의 삼왕三王은 거북점이 똑같지 않았고, 사방의 오랑캐들도 각각이 점치는 방법을 달리했으나, 각각 길하고 흉한 것을 결정했다. 대략 그 요체를 엿보았다. 이에 〈귀책열전龜策列傳〉③을 지어 예순여덟 번째에 둔다.

포의布衣와 일반 백성은 정사에 해를 입히지 않았고 백성을 방해하지도 않았다. 때에 따라 취하고 주며 재물을 불렸는데, 지혜로운 자는 여기에서 채택할 점이 있었을 것이다. 이에 〈화식열전貨殖列傳〉을 지어 예순아홉 번째에 둔다.

不流世俗 不爭埶利 上下無所凝滯 人莫之害 以道之用 作滑稽列傳第六十六 齊楚秦趙爲日者 各有俗①所用 欲循②觀其大旨 作日者列傳第六十七 三王不同龜 四夷各異卜 然各以決吉凶 略闚其要 作龜策列傳③第六十八 布衣匹夫之人 不害於政 不妨百姓 取與以時而息財富 智者有采焉 作貨殖列傳第六十九

① 日者各有俗일자각유속

색은 살펴보니 〈일자열전〉에서 말한다. "여러 나라의 풍속을 알 수 없었다." 지금 저선생褚先生(저소손)의 기록은 오직 사마계주司馬季主의 일을 기록한 것이다.

案 日者傳云 無以知諸國之俗 今褚先生唯記司馬季主之事也

② 循순

집해 서광이 말했다. "다른 판본에는 '총總'으로 되어 있다."
徐廣曰 一作總

③ 龜策列傳귀책열전

색은 삼왕三王은 거북점이 같지 않았으며 사방의 오랑캐들도 각각 다르게 점을 쳤다. 그 글들은 이미 없어져서 그 다르게 점쳤던 것을 기록할 수가 없다. 지금 저소손褚少孫은 오직 태복太ト에서 거북점을 치는 잡설을 취했는데, 사詞가 매우 번거롭고 거칠어서 재단해 자를 수 없을 정도이고 망령되게 모두 천착했으니, 이 편은 몹시도 재주가 없다.
三王不同龜 四夷各異ト 其書旣亡 無以紀其異 今褚少孫唯取太ト占龜之雜說 詞甚煩蕪 不能裁剪 妄皆穿鑿 此篇不才之甚也

우리 한漢나라는 오제五帝의 쇠미해진 유업을 잇고 3대三代(하, 은, 주)의 단절된 사업을 이었다. 주周나라의 도는 무너지고 진秦나라는 옛 문헌을 제거하고 《시詩》와 《서書》를 불태워 없앴다. 그러므로 명당明堂, 석실石室, 금궤金匱, 옥판玉版,① 도적圖籍들이 사방으로 흩어져버렸다. 이에 한나라가 일어나서 소하蕭何가 율령律令(법령)을 순차順次해서 정하고, 한신韓信이 군법軍法을 폈으며, 장창張蒼이 역법曆法, 도량형, 권형을 만들고,② 숙손통叔孫通이 예의禮儀를 제정하니, 곧 문학의 문채와 바탕이 갖추어지고 점점 진전되어 《시詩》와 《서書》가 왕왕 나왔다.

조참曹參이 합공蓋公③을 추천하고부터 황노黃老의 학설을 말했고, 가생賈生(가의)과 조조晁錯는 신불해申不害와 상앙商鞅이 주창한 법가의 학문을 밝게 했으며, 공손홍公孫弘은 유가의 학문으로 이름을 드러냈다. 이에 한나라가 일어난 지 100년 사이에 천하에서 남긴 고문古文이나 고사古事 중에 태사공太史公에게 다 이르지 않는 것이 없었다.

태사공이란 직책은 이에 아버지와 아들이 서로 상속해서 그 직분을 이었다. 태사공 사마천이 말했다.

"아아! 나의 선인先人(조상)들은 일찍이 이 일을 맡아 당唐과 우虞의 시대에 현달하였고, 주周나라에 이르러 다시 이를 맡았다. 그러므로 사마씨司馬氏는 대대로 천관天官을 주재해서④ 나에게까지 이른 것이다. 신중히 생각하고 신중히 생각할지어다!"

維我漢繼五帝末流 接三代(統)〔絕〕業 周道廢 秦撥去古文 焚滅詩書 故明堂石室金匱玉版①圖籍散亂 於是漢興 蕭何次律令 韓信申軍法 張蒼爲章程② 叔孫通定禮儀 則文學彬彬稍進 詩書往往間出矣 自曹參薦蓋公③言黃老 而賈生晁錯明申商 公孫弘以儒顯 百年之間 天下遺文古事 靡不畢集太史公 太史公仍父子相續纂其職 曰 於戲 余維先人嘗掌斯事 顯於唐虞 至于周 復典之 故司馬氏世主天官④ 至於余乎 欽念哉 欽念哉

① 玉版옥판

집해 여순이 말했다. "옥판玉版에 새겨서 문자文字를 지은 것이다."

如淳曰 刻玉版以爲文字

② 章程장정

집해 여순이 말했다. "장章은 역수曆數의 장술章術이다. 정程은 권형權衡, 장척丈尺, 곡두斛斗의 가중평균법加重平均法이다." 신찬이 말했다. 《무릉서茂陵書》에 '승상이 공인들을 위해 그 안에서 계량기를 사용하게 했다.[丞相爲工用程數其中]'라고 했는데, 온갖 기술자들이 재목을 다룰 적에 많고 적은 양 및 제도의 계량이 이것이라는 말이다."

如淳曰 章 曆數之章術也 程者 權衡丈尺斛斗之平法也 瓚曰 茂陵書丞相爲工用程數其中 言百工用材多少之量及制度之程品者是也

③ 蓋公합공

색은 합蓋은 성姓이다. 蓋의 발음은 '갑[古合反]'이다.

蓋 姓也 古合反

④ 司馬氏世主天官사마씨세주천관

색은 살펴보니 이곳의 천관天官은 《주례》의 〈천관총재〉 편의 천관天官이 아니며, 곧 천문天文과 별과 역수曆數의 일을 알아서 하는 천관天官을 이른다. 사마천은 실로 여黎의 후손이고 여씨黎氏의 후손은 또한 중려重黎라고 총칭하니, 중重은 본래 하늘의 일을 맡았기 때문으로 태사공이 대를 이어 천관天官을 관장했다고 한 것이다. 대개 천관天官은 태사太史의 직분을 통솔했다. 《사기史記》에서는 역대歷代의 직분을 말한 것이지만 아마도 실제의 일은 아닐 것이다. 그러나 위굉衛宏은 사마씨가 주周나라 사일史佚의 후손이라고 생각했다. 그러므로 사마담은 이르기를 "나의 선인先人은 주나라의 태사太史이다."라고 하였으니, 이는 어쩌면 실상에 맞을 것이다.

案 此天官非周禮冢宰天官 乃謂知天文星曆之事爲天官 且遷實黎之後 而黎氏
後亦總稱重黎 以重本司天 故太史公代掌天官 蓋天官統太史之職 言史是歷代
之職 恐非實事 然衞宏以爲司馬氏 周史佚之後 故太史談云予之先人 周之太史
蓋或得其實也

천하에서 유실된 옛 전적①을 망라해서 왕들의 발자취가 흥기한
바를 시작을 캐묻고 끝을 살피며 흥망성쇠를 보고 관찰해서 행사
行事들을 논하여 고증했다. 이에 하, 은, 주의 3대를 대략으로 추
산해 적고 진秦나라와 한漢나라의 (지난 일을) 기록했다.

위로는 황제헌원黃帝軒轅씨로부터 기록하고 아래로는 지금의 무제
에 이르기까지 〈십이본기十二本紀〉을 짓고 조목별로 정리했다.

같은 시대든 다른 시대든 연대의 차이가 분명하지 않았다.② 그래
서 〈십표十表〉를 지었다.

예禮와 악樂의 증감, 율력律曆의 개정, 병권兵權, 산천山川, 귀신鬼
神,③ 천인天人의 관계에 대해서는 폐단을 이어 변통하는 것으로
〈팔서八書〉를 지었다.

28수二十八宿가 북극성을 둘러싸서 30폭三十輻이 하나의 바퀴살
이 바퀴통에 합쳐져④ 운행하듯 끝없이 보필하는 고굉지신股肱之
臣을 여기에 짝지어 충성하고 성실하게 도를 행하여 주상을 받드
는 것으로 〈삼십세가三十世家〉를 지었다.

의로움에 의지하고 호방해서 스스로 시기를 잃지 않게 하고⑤ 공
명功名을 천하에 세운 것으로 〈칠십열전七十列傳〉을 지었다.

罔羅天下放失舊聞[1] 王迹所興 原始察終 見盛觀衰 論考之行事 略推三代 錄秦漢 上記軒轅 下至于玆 著十二本紀 旣科條之矣 竝時異世 年差不明[2] 作十表 禮樂損益 律曆改易 兵權山川鬼神[3] 天人之際 承敝通變 作八書 二十八宿環北辰 三十輻共一轂[4] 運行無窮 輔拂股肱之臣配焉 忠信行道 以奉主上 作三十世家 扶義俶儻 不令己失時[5] 立功名於天下 作七十列傳

① 舊聞구문

색은 살펴보니 구문舊聞은 유실되고 방일放逸되어 있는 것을 망라해서 조사해 논한 것이다.

案 舊聞有遺失放逸者 網羅而考論之也

② 竝時異世年差不明병시이세년차불명

색은 살펴보니 같은 시대에는 해의 역수曆數가 어긋나서 다르고 또한 대략적으로 말해서 분명하게 알기 어려웠기 때문에 표表를 만든 것이다.

案 竝時則年曆差殊 亦略言 難以明辯 故作表也

③ 兵權山川鬼神병권산천귀신

색은 살펴보니 병권兵權은 곧 〈율서律書〉이다. 사마천이 죽은 뒤에 없어졌다. 저소손이 〈율서律書〉로써 그것을 보충했다. 지금의 〈율서〉 또한 대략으로 병법을 말하고 있다. 산천山川은 곧 〈하거서河渠書〉이다. 귀신鬼神은 〈봉선서封禪書〉이다. 그러므로 '산천귀신山川鬼神'이라고 일렀다.

案 兵權 卽律書也 遷沒之後 亡 褚少孫以律書補之 今律書亦略言兵也 山川 卽

河渠書也 鬼神 封禪書也 故云山川鬼神也

④ 三十輻共一轂삼십폭공일곡

집해 살펴보니《한서음의》에서 말한다. "황제黃帝이하 30세가三十世家
는《노자老子》에서 '수레바퀴의 30살이 (수레바퀴 통에서 함께 한다.)'라는 말
을 본뜬 것으로 운행함에 무궁한 것이 왕을 잇는 자가 이와 같음을 상징
한 것이다."

駰案 漢書音義曰 象黃帝以下三十世家 老子言車三十輻 運行無窮 以象王者如
此也

정의 안顔이 말했다. "이 설명은 그르다. 뭇별이 함께 북신北辰을 두르
고 있다는 것은 여러 바퀴의 살이 모두 수레바퀴 통에서 돌아가듯, 모든
신하가 천자를 높혀 돕는 것을 말한 것이다."

顏云 此說非也 言衆星共繞北辰 諸輻咸歸車 群臣尊輔天子也

⑤ 不令己失時불령기실시

색은 己의 발음은 '기紀'이다. 의義에 의지하고 있는 척당倜儻(뜻이 크고
기개가 있다)의 선비들은 공로와 명성을 당대에 세울 수 있어, 시대에 뒤떨
어지지 않음을 말한 것이다.

己音紀 言扶義倜儻之士能立功名於當代 不後於時者也

총 130편이며 52만 6,500글자로 《태사공서太史公書》[1]가 되었다. 자서自序의 대략은 빠뜨린 것들을 주워 모으고 육예六藝의 빠진 것을 보충해서[2] 일가一家의 말을 이룬 것이다. 육경六經의 다르게 전한 것[3]들을 맞추고서 가지런히 모든 사상가의 잡다한 언어들을 정리했다.[4] 이에 그것(정본)을 명산名山에 저장하고, 부본副本은 경사京師에 두어[5] 후세의 성인聖人과 군자君子를 기다리도록 하고[6] 이에 칠십 번째[7]에 둔다.

凡百三十篇 五十二萬六千五百字 爲太史公書[1] 序略 以拾遺補藝[2] 成一家之言 厥協六經異傳[3] 整齊百家雜語[4] 藏之名山 副在京師[5] 俟後世聖人君子[6] 第七十[7]

① 太史公書태사공서

색은 살펴보니 환담桓譚이 이르기를 "사마천이 저서를 완성하여 동방삭東方朔에게 보이자 동방삭이 모두 '태사공太史公'이라고 설명했으니, '태사공'이라고 이른 것은 동방삭이 일컬은 것이다."라고 했다. 그러나 아마도 그의 설명이 미진한 것이리라. 대개 사마천이 스스로 그의 아버지의 저술을 높여서 일컫기를 '공公'이라고 했다. 어떤 이는 사마천의 외손인 양운楊惲이 일컬은 것이라고 하였으니, 일이 혹 마땅히 그러할 듯하다.

案 桓譚云 遷所著書成 以示東方朔 朔皆署曰太史公 則謂太史公是朔稱也 亦恐其說未盡 蓋遷自尊其父著述 稱之曰公 或云遷外孫楊惲所稱 事或當爾也

신주 《사기史記》는 본래 고대사서의 통칭이었다. 그런데 《삼국지》〈위지魏志 왕숙전王肅傳〉에 따르면 왕숙王肅이 《태사공서太史公書》를 《사기史記》라는 명칭으로 처음 사용했다고 기록하고 있다. 따라서 《사기史記》

라는 명칭은 삼국시대부터 그 이후, 본사서가 《사기史記》로 불리었음을
짐작할 수 있다.

② 拾遺補蓺습유보예

　집해　 이기가 말했다. "육예六蓺이다."

李奇曰 六蓺也

　색은　 살펴보니 《한서》에는 '보궐補闕'로 되어 있는데, 이곳에는 '예蓺'
자로 일렀으니 육의六義의 빠진 것을 보충한 것을 이른다.

案 漢書作補闕 此云蓺 謂補六義之闕也

③ 六經異傳육경이전

　색은　 사마천은 《육경六經》에서 다르게 전해진 제가諸家의 설명을 취해
맞추어서 찬술한 것일 뿐이라 말하였으니, 겸손하여 감히 경학經學에 견
주지 못한 것이다. 이전異傳은 자하子夏의 《역전易傳》, 모공毛公의 《시전詩
傳》, 한영韓嬰의 《한시외전韓詩外傳》, 복생伏生의 《상서대전尙書大傳》과 같
은 계통들이다.

遷言以所撰取協於六經異傳諸家之說耳 謙不敢比經蓺也 異傳者 如子夏易傳
毛公詩及韓嬰外傳伏生尙書大傳之流者也

④ 整齊百家雜語정제백가잡어

　정의　 태사공이 《사기史記》를 찬술하면서 그것을 〈육경〉의 문장이 다
른 것에 맞추고 제자백가의 잡설의 말을 정제하였다고 말하였으니, 겸손
하여 경학에 감히 견주지 못한 것이다. 이전異傳은 좌구명左丘明의 《춘추
외전春秋外傳》, 《국어》, 자하子夏의 《역전易傳》, 모공毛公의 《시전詩傳》,

한영의 《한시외전》, 복생의 《상서대전》과 같은 계통을 이른다.

太史公撰史記 言其協于六經異文 整齊諸子百家雜說之語 謙不敢比經藝也 異傳 謂如丘明春秋外傳國語子夏易傳毛公詩傳韓詩外傳伏生尙書大傳之流也

⑤ 副在京師부재경사

색은 정본正本은 서부書府에 저장하고 부본副本은 경사京師에 남겨둔 것을 말한다. 《목천자전》에서 말한다. "천자天子가 북쪽을 정벌하면서 군옥지산群玉之山에 이르니 하수가 평평하고 험한 것이 없으며 사방으로 먹줄에 들어맞듯 뚫렸으니, 선왕의 이른바 책부策府라는 것이다." 곽박이 말했다. "옛날의 제왕이 책부에 저장했다.[古帝王藏策之府]"라고 했는데, 곧 이것을 명산名山에 저장한다고 이른 것이 이것이다.

言正本藏之書府 副本留京師也 穆天子傳云 天子北征 至于群玉之山 河平無險 四徹中繩 先王所謂策府 郭璞云 古帝王藏策之府 則此謂藏之名山是也

⑥ 俟後世聖人君子사후세성인군자

색은 뒤의 성인과 군자를 기다리는 것이다. 이 말은 《공양전》에서 나왔다. 부자夫子가 《춘추》를 제작하고서 뒤의 성인과 군자聖君子를 기다린다고 말한 것은 또한 이에 즐거움이 있기 때문이다.

以俟後聖君子 此語出公羊傳 言夫子制春秋以俟後聖君子 亦有樂乎此也

⑦ 第七十제칠십

집해 살펴보니 위굉衛宏의 《한서》 〈구의주舊儀注〉에서 말한다. "사마천이 〈경제본기〉를 짓고 그의 단점과 무제의 과오에 대해 극언을 하자 무제가 노여워하고 삭제해 버렸다. 뒤에 이릉李陵을 천거한 것으로 연좌되었는데, 이릉이 흉노에게 항복한 것 때문으로 사마천을 잠실蠶室에 하옥시킨 것이다. 원망하는 말이 있으면 하옥하여 죽였다."

駰案 衛宏漢書舊儀注曰 司馬遷作景帝本紀 極言其短及武帝過 武帝怒而削去之 後坐舉李陵 陵降匈奴 故下遷蠶室 有怨言 下獄死

신주 잠실蠶室은 궁형을 당한 사람의 상처가 아물 때까지 머물던 곳이다. 사마천이 이릉을 천거했다. 무제는 그가 흉노에게 항복해서 병법을 가르친다는 말을 듣고, 화가 나서 이릉의 가족을 멸족시켰다. 그리고 그를 천거한 사마천을 사형에 처한 것이다. 당시 한나라 법에는 사형을 면하려면 속전贖錢 50만 전을 내거나 궁형을 받는 두 가지 방법이 있었다. 이에 사마천은 궁형을 받고 죽음을 면했는데, 궁형을 받고 목숨을 유지한 것은 아버지의 유업 때문이었다고 한다.

태사공이 말했다.

나는 황제黃帝를 거쳐 한나라 무제武帝의 태초太初에 이르기까지를 기술해서 마쳤다. 총 130편[1]이다.

太史公曰 余述歷黃帝以來至太初而訖 百三十篇[1]

---

① 百三十篇백삼십편

집해 살펴보니《한서음의》에는 "10편이 빠져 있는데 기록한 사실만 있고 글은 없다."라고 했다. 장안이 말했다. "사마천이 죽은 뒤에 〈경제기景帝紀〉, 〈무제기武帝紀〉, 〈예서禮書〉, 〈악서樂書〉, 〈병서兵書〉, 〈장상표將相表〉, 〈삼왕세가三王世家〉, 〈일자日者〉, 〈귀책전龜策傳〉, 〈부근전傅靳傳〉을 망실하였다. 원제元帝, 성제成帝의 사이에 저선생이 빠진 것을 보충해서 〈무제기武帝紀〉,〈삼왕세가三王世家〉,〈귀책龜策〉,〈일자열전日者列傳〉을 지었는데 언사가 비루하여 사마천의 본뜻은 아니었다."라고 했다.

駰案 漢書音義曰 十篇缺 有錄無書 張晏曰 遷沒之後 亡景紀武紀禮書樂書律書漢興已來將相年表日者列傳三王世家龜策列傳傅靳蒯列傳 元成之間 褚先生補闕 作武帝紀三王世家龜策日者列傳 言辭鄙陋 非遷本意也

색은 살펴보니 《한서》에서 말한다. "10편은 기록한 사실이 있지만, 글은 없다." 장안이 말했다. "사마천이 죽은 뒤에 〈경제기景帝紀〉,〈무제기武帝紀〉,〈예서禮書〉,〈악서樂書〉,〈병서兵書〉,〈장상표將相表〉,〈삼왕세가三王世家〉,〈일자日者〉,〈귀책전龜策傳〉,〈부근전傅靳傳〉을 망실하였다." 살펴보니 〈경제기景帝紀〉는 반班의 글에서 취해서 보충했다. 〈무제기武帝紀〉는 오로지 〈봉선서〉에서 취했다. 〈예서禮書〉는 순경荀卿의 〈예론禮論〉에서 취했다. 〈악서樂書〉는 《예禮》의 〈악기樂記〉에서 취했다. 〈병서兵書〉는 없어져서 보충하지 못했으나 대략 율律을 기술해 병兵을 말하고, 마침내 역曆을 나누어 기술해서 차례 했다. 〈삼왕계가三王系家〉는 헛되이 그 책문策文을 취해서 이편에 모았는데, 무엇을 기준으로 해서 소략하고 또 더 보탰는지가 마땅하지 않다. 〈일자日者〉는 여러 국가의 동이同異를 기록하지 않고 사마계주司馬季州의 것만을 논했다. 〈귀책龜策〉은 곧 태복太卜에서 거북점의 징조와 잡설을 얻은 것이니 필삭筆削의 공로가 어찌 거칠고 비루함이 없겠는가?

案 漢書曰 十篇有錄無書 張晏曰 遷沒之後 亡景紀武紀禮書樂書兵書將相表三王世家日者龜策傅靳等列傳也 案 景紀取班書補之 武紀專取封禪書 禮書取荀卿禮論 樂取禮樂記 兵書亡 不補 略述律而言兵 遂分曆述以次之 三王系家 空取其策文以緝此篇 何率略且重 非當也 日者不能記諸國之同異 而論司馬季

主 龜策直太卜所得占龜兆雜說 而無筆削之功 何蕪鄙也

색은술찬 사마정이 펼쳐서 밝히다.

태사는 재주가 훌륭했고 이에 선조의 덕으로 편찬하였다. 두루 유람하고 낱낱이 관람하며, 사방을 돌아다녔다. 일의 실상을 조사하여 죽간에 글을 써 알리니 이를 《실록》이라 일컬었다. 임안任安이 보내온 글에 답하기를 '이릉의 죄에 연좌되어 옥에 갇혔다.'라고 했다. 애석하구나! 해지고 결여缺如된 것을 (저선생은) 재능이 아니면서도 망령되게 이었구나.

太史良才 寔纂先德 周遊歷覽 東西南北 事覈詞簡 是稱實錄 報任投書 申李下獄 惜哉殘缺 非才妄續

찾아보기

인명

ㄱ

감무甘茂　228
걸桀　189, 200, 219
고공단보古公亶父　207
곽종郭從　39
관숙管叔　210
관이오管夷吾　226
관중管仲　24
괴외蒯聵　135, 138, 212
구천句踐　28, 33, 215

ㄴ

낙성樂成　121
난포欒布　236
노관盧綰　234
노자老子(이이李耳)　18, 226

ㄷ

단丹　239
두황후竇皇后　221

ㅁ

맹자孟子　229
목공穆公　47, 191
무령왕武靈王　53, 217
무왕武王　182
무정武丁　189

ㅂ

백규白圭　38, 39
백예伯翳　191
복희伏羲　182
부차夫差　207, 215

ㅅ

사마양저司馬穰苴　226
사마착司馬錯　135
사마창司馬昌　138
사사師史　111
상앙商鞅　39, 227, 246
소후昭侯　218
손빈孫臏　185, 201
손자孫子　38, 39, 185
순舜　63, 150, 182, 189, 211
신농씨神農氏　19

ㅇ

안자晏子　226
여黎　131
여불위呂不韋　185

여상呂尙 39

여희驪姬 213

염파廉頗 232

오기吳起 39, 201

왕비王濞 67, 239

요僚 207

요堯 63, 189

우왕禹王 191

원헌原憲 37

위만衛滿 239

율희栗姬 221

의돈猗頓 39

이사李斯 233

이윤伊尹 39, 189

ㅈ

자우子羽(항우項羽) 114, 191, 193, 223, 233,
234

장리張里 121

장의張儀 135

저리자樗里子 228

전숙田叔 121

전욱顓頊 131, 189

전화田和 219

정정程鄭 108

제곡帝嚳 189

주紂 56, 185, 200, 210, 212, 219

중니仲尼 36, 219

중重 131

진시황秦始皇 43, 138, 191

진양秦楊 121

진완陳完 219

ㅊ

채숙蔡叔 210~212

청淸 43, 45~46, 124

춘신군春申君 67, 230

ㅌ

탕왕湯王 63, 173, 182, 200, 202, 219

태백太伯 130, 207

ㅎ

한비韓非 129, 185, 218, 226

한신韓信 221, 223, 234, 245

합려闔廬 67, 197, 207

황제黃帝 130, 144, 162, 185, 187, 189, 197, 200,
202, 204, 222, 248, 250, 2548

지명

ㄱ

가柯 207

강릉江陵 66, 68, 88

강수江水 70, 72, 74, 77, 79, 159, 168, 207, 238, 241

견수汧水 47

곤명昆明 160

공공邛 160

기산岐山 47

기수沂水 80

ㄴ

낙양洛陽 52, 62, 111, 113, 167

낙읍洛邑 190

ㅂ

빈邠 47

ㅅ

사수泗水 63, 80, 159, 164, 221

삼하三河 50, 80

상곡上谷 59

설薛 160, 164, 229

성양成陽 63, 65

수수洙水 63

수양산首陽山 226

ㅇ

안읍安邑 88

양楊 53

영구營丘 24, 207

옹주雍州 47, 133

완宛 74, 76, 80, 108

요동遼東 59, 239

용문龍門 20~21, 129, 159~161

임공臨邛 51, 105, 107~108

ㅈ

작筰 50, 160, 241

장산章山 67, 71

절강浙江 67

진陳 53, 66~67, 72, 80, 88, 185, 215~216, 221

ㅊ

창오산蒼梧山 73

철산鐵山 105

촉蜀 47, 49~50, 105, 135, 160, 185, 193

추鄒 63, 110, 160, 164~165

ㅍ

파巴 43, 45, 50, 66, 68, 160

팽성彭城 66, 69, 160, 221, 233~234

평양平陽 53

풍豐 47

피郫 160, 164

ㅎ

하수河水　47, 59, 88, 159, 166, 228, 233, 253

한수漢水　74

호鎬 47　190

화산華山　47, 223, 229

회계會稽　28, 33, 159, 161~162, 216

회북淮北　66, 88

회수淮水　70, 72, 74, 77, 79, 159, 221, 238, 241

기타

ㄷ

도덕가道德家　141

도론道論　141

ㅁ

명가名家　141, 145, 147, 153

묵가墨家　141

ㅂ

법가法家　141, 145, 147, 153, 219, 246

ㅇ

역易　141, 172, 176~177, 179

오민五民　62

오패五霸　31, 195~196

유가儒家　141, 145, 147, 221, 229, 246

음양가陰陽家　141, 145, 148

ㅍ

팔괘八卦　149, 182

ㅎ

형혹성熒惑星　213

《신주 사마천 사기》〈열전〉을 만든 사람들

한가람역사문화연구소 사기연구실

이덕일(한가람역사문화연구소 소장, 문학박사)

김명옥(문학박사)

송기섭(문학박사)

이시율(고대사 및 역사고전 연구가)

정 암(지리학박사)

최원태(고대사 연구가)

한가람역사문화연구소는 1998년 창립된 이래 한국 사학계에 만연한 중화사대주의 사관과 일제식민 사관을 극복하고 한국의 주체적인 역사관을 세우려 노력하고 있는 학술연구소이다. 독립운동가들의 역사관 계승 작업을 꾸준히 진행하는 한편 《사기》 본문 및 '삼가주석'에 한국 고대사의 진실을 말해주는 수많은 기술이 있음을 알고 연구에 몰두했다. 지난 10여 년간 '《사기》 원전 및 삼가주석 강독(강사 이덕일)'을 진행하는 한편 사기연구실 소속 학자들과 《사기》에 담긴 한중고대사의 진실을 찾기 위한 연구 및 답사도 계속했다. 《신주 사마천 사기》는 원전 강독을 기초로 여러 연구자들이 그간 토론하고 연구한 결과의 집대성이라고 할 수 있다. 한가람역사문화연구소는 《신주 사마천 사기》 출간을 시작으로 역사를 바로세우기 위해 토대가 되는 문헌사료의 번역 및 주석 추가 작업을 꾸준히 이어갈 계획이다.

한문 번역 교정

유정님 박상희 김효동 곽성용 김영주 양훈식 박종민

《사기》를 지은 사람들

본문_ 사마천

사마천은 자가 자장子長으로 하양(지금 섬서성 한성시) 출신이다. 한
무제 때 태사공을 역임하다가 이릉 사건에 연루되어 궁형을 당했
다. 기전체 사서이자 중국 25사의 첫머리인 《사기》를 집필해 역사
서 저술의 신기원을 이룩했다. 후세 사람들이 태사공 또는 사천이
라고 높여 불렀다. 《사기》는 한족의 시각으로 바라본 최초의 중국
민족사라고 할 수 있는데 여기서 사마천은 동이족의 역사를 삭제
하거나 한족의 역사로 바꾸기도 했다.

삼가주석_ 배인 · 사마정 · 장수절

《집해》 편찬자 배인은 자가 용구龍駒이며 남북조시대 남조 송
(420~479)의 하동 문희(현 산서성 문희현) 출신이다. 진수의 《삼국지》
에 주석을 단 배송지의 아들로 《사기집해》 80권을 편찬했다.

《색은》 편찬자 사마정은 자가 자정子正으로 당나라 하내(지금 하남성
심양) 출신인데 굉문관 학사를 역임했다. 사마천이 삼황을 삭제한 것
을 문제로 여겨서 〈삼황본기〉를 추가했으며 위소, 두예, 초주 등
여러 주석자의 주석을 폭넓게 모으고 자신의 견해를 덧붙여 《사기
색은》 30권을 편찬했다.

《정의》 편찬자 장수절은 당나라의 저명한 학자로, 개원 24년(736)
《사기정의》 서문에 "30여 년 동안 학문을 섭렵했다"고 썼을 정도로
《사기》 연구에 몰두했다. 그가 편찬한 《사기정의》에는 특히 당나라
위왕 이태 등이 편찬한 《괄지지》를 폭넓게 인용한 것을 비롯해서
역사지리에 관한 내용이 풍부하다.